あなたにもできる 敷金トラブル 解決法

[監修]
大石貢二 元大阪高等裁判所判事

[編著]
原田 豊
山上博信
有田 朗
兵庫県司法書士会少額裁判研究会

現代人文社

敷金返還少額訴訟
手続きの流れ

◎本書の刊行に寄せて

　裁判官、司法書士など実務家と研究者が協力して、「あなたにもできる……」シリーズ『敷金トラブル解決法』の出版がなされることになりました。前著『あなたにもできる借金対処法』は、その題名のとおり親しみやすく、大好評でありました。

　本著もまたわかりやすく、市民の案内板のひとつになることでしょう。敷金問題は、簡単なようで、地域的な慣習も多くて、なかなか厄介な代物なのです。

　阪神・淡路大震災のとき、法律相談の中で借地借家の問題が多く、中でも敷金についてたくさんの相談が持ち込まれました。関西の著名な民法の教授は、そのとき我々に随分お力をお貸しくださいましたが、神戸地方に敷引の習慣あることをご存知なかったのです。

　ことほど左様に借地借家は、地方地方の慣習があります。日々、取引事例のなかで様々に変化しております。

　本書は借家の敷金のよき案内板で、市民や初学者にはうってつけでありますが、多くの判例を取り入れ、実務家、研究者にも役立つものになっております。

　是非１冊、お求めになることをおすすめします。わが事務所にも置いて、何かと参考にしたいと思っています。

　執筆者の皆様、大変ご苦労様でございました。

　「あなたにもできる……」シリーズが今後益々発展し、読者を増やしていかれることをこころから願っております。

2005年（平成17年）12月10日
近畿司法書士会連合会理事長
兵庫県司法書士会会長
島田　雄三

◎はしがき

　さきに借金を抱えて困っておられる方の力になればと願い、法律のことをあまりご存じない方にも分かりやすくということを一番頭におき、『あなたにもできる借金対処法──いざという時の特定調停活用法』（現代人文社、2003年）を出版いたしましたが、お蔭様でご好評を得ることができました。そこで今回は、敷金に関する問題で困っておられる方が、その解決に自分で取り組み、ご自身で裁判所に救済を求めることができるよう「あなたにもできる……」シリーズとして、今日問題になっている敷金返還についてテーマを絞って、分かりやすく解説した本を出すことにしました。

　前著の4名に加えて新たに兵庫県司法書士会少額裁判研究会のご協力を得て、実務に詳しい方、新進気鋭の方々に加わっていただきました。

　分かりやすく実用的なものにするのと同時に、この分野の専門書としても水準の高いものをめざしました。前著と同様に敷金に関するトラブルの実態や少額訴訟の流れをドラマ仕立てで展開してその雰囲気を実感していただくとともに、座談会や言葉の解説、コラム、書式、判例紹介などで、それぞれの項目ごとに系統的な理解を得られるように工夫してみました。

　この本をご活用いただき敷金をめぐる紛争の解決に役立てていただければ幸いです。また、ご意見があればお聞かせいただき、さらに充実させて皆様のお役に立てるものにしたいと思いますので宜しくお願い申し上げます。

2005（平成17年）11月23日
執筆者一同を代表して
監修者　大石貢二

第1部 これだけは知っておきたい基礎知識
敷金トラブル解決法
入門編

- **Q1** 敷金を返してもらうために、自分で裁判までする人ってたくさんいるんですか。……3
- **Q2** 敷金返還を争った裁判はどれくらい勝ち目があるんですか。一般的な勝率はどうなんでしょう。……3
- **Q3** 裁判をしても、判決が出ないで、和解で解決することが多いと聞きましたが。……4
- **Q4** 裁判をしたら、知らない人の前で、難しいことを聞かれたり、証明しなければならないのですか。……5
- **Q5** 証人とか証拠調べとか弁論とか難しいことを言われても分かりません。どのように考えて取り組んだらいいのでしょう。……6
- **Q6** 裁判をしたことが、他の人や会社や学校に知れて困るようなことが起こりますか。……7
- **Q7** 退去の時に、家主や見積もりの業者がやって来て、原状回復の見積書みたいな書類にサインさせられてしまいました。もう争うのは無理なんでしょうか。……7
- **Q8** 敷金返還の本人訴訟をする前に、家主あるいは仲介不動産業者と交渉した方がよいのですか。……8
- **Q9** 家主あるいは仲介不動産業者と交渉する際、注意することはありますか。……8
- **Q10** 事前にどんなことを準備したり心づもりをしたらよいのでしょうか。……9
- **Q11** 裁判所に行く前に、どこかで相談をしておきたいのですが、どんなところがありますか。……10
- **Q12** 敷金本人訴訟ではどのくらい費用がかかるのですか。……11
- **Q13** 敷金本人訴訟ではどのくらい時間がかかるのですか。……11

Q14	裁判所はどうやって見つけるのですか。どの裁判所で手続をしたらよいのでしょうか。......12
Q15	裁判所へ行く前に、準備しておく書類にはどんなものがあるのですか。......13
Q16	裁判の当日に持っていくものにはどんなものがありますか。......13
Q17	裁判に勝っても、すぐ敷金を返してもらえないと聞きましたが、本当ですか。......13
Q18	裁判に負けたらどうなるのですか。......14
Q19	図面や写真はどのような目的で、どのように作ればいいのですか。......14
Q20	見積書や価格の点検などはどうしたらいいのでしょう。......15

第2部 実践編 敷金トラブル解決法 敷金は返ってくる

ケース1 ワンルームマンションの場合 19
Step-1 簡易裁判所はこわくない 20
Step-2 少額訴訟の手続がわかる 22
Step-3 受付相談はこう行われる 23
Step-4 少額訴訟はこう行われる 29

　　　裁判所に提出された書類のリスト　　47
　　　訴状　　48
　　　答弁書　　50
　　　賃貸住宅標準契約書(甲第1号証)　　52
　　　御見積書(乙第4号証)　　58
　　　退室工事に伴う精算書(甲第5号証)　　59
　　　図面(平面図)(乙第8号証)　　60

ケース2 戸建住宅の場合 ……………61

訴状提出点検リスト …………68

もしもあの時こうしていたら
紛争予防のためのガイドラインの活用 …………74

第3部 敷金トラブル解決法 手続編
知っていればこわくない

Step-1 どの手続を使えばよいかを理解する …………81
 選択1 民事訴訟(通常訴訟) 81
 選択2 少額訴訟 82
 選択3 民事調停 84
 選択4 裁判所でする和解 85
 選択5 支払督促 86
 選択6 公正証書
 (強制執行に服する旨の陳述が記載されているもの) 86

Step-2 強制執行の手続を理解する
敷金返還の判決だけでは絵に描いたもち？ …………87
 1 訴訟と強制執行とは別の手続 87
 2 強制執行の手続の種類 88

Step-3 少額訴訟債権執行手続を理解する …………89
 少額訴訟債権執行申立書 90
 請求債権目録 92
 差押債権目録 93

第4部 敷金トラブル解決法 理論編 もっと詳しく法律問題を理解する

- **Step-1** 敷金をめぐるトラブル………97
- **Step-2** 特優賃をめぐるトラブル………101
- **Step-3** 住宅金融公庫融資物件と特優賃を理解する………104
- **Step-4** 更新料をめぐるトラブル………106
- **Step-5** 家主や入居者が破産した場合、賃貸借契約や敷金はどうなるか………109
- **Step-6** 被災住宅の場合はどうなるか………114

座談会
敷金トラブルの背景と解決への留意点
大石貢二・原田 豊・山上博信・吉田康志・岡本雅伸………119

第5部 敷金トラブル解決法 判例活用編 基本裁判例から最新裁判例まで

- **Step-0** 読むまえに………141
- **Step-1** 基本用語編………141
  - **Q1** 敷金とは？………141
    【判例1】最判昭48年2月2日
  - **Q2** 保証金とは？………142
    【判例2】東京地判平4年7月23日
  - その他の基本用語………143
    家賃とは　同等類似とは　建物の傷みと劣化とは
    耐用年数とは　善管注意義務とは　重過失とは
    故意、過失とは　特約とは

Step-2 特約・契約条項編 ………… 146

Q3 原状回復とは？ ………… 146
【判例3】大阪高判平16年12月17日

Q4 特約が存在したといえるか？ ………… 148
【判例4】大阪高判平15年11月21日

Q5 原状回復費用の負担の特約の有効性 ………… 149
【判例5-1】大阪高判平16年12月17日
【判例5-2】大阪高判平17年1月28日
【判例5-3】大阪高判平16年7月30日

Q6 敷引特約の有効性 ………… 154
【判例6】神戸地判平17年7月14日

Q7 消費者契約法施行後に契約更新があり、原状回復費用の負担の特約がある場合 ………… 159
【判例7】大阪高判平16年12月17日

Step-3 家主の変更編 ………… 161

Q8 競売があった場合などには誰に保証金の返還を請求したらよいか？ ………… 161
【判例8-1】東京地判平7年8月24日
【判例8-2】最判昭48年3月22日

Q9 家主が死亡した場合の敷金の返還について ………… 162
【判例9】大阪高判昭54年9月28日

Q10 家が担保(譲渡担保)に入れられたら、敷金はどうなる？ ………… 163
【判例10】東京地判平2年11月5日

Step-4 敷金返還請求権の譲渡編 ………… 164

Q11 敷金の権利の譲渡が禁止されているのにもかかわらず、譲渡したら？ ………… 164
【判例11】東京高判平7年7月27日

Step-5 被災住宅編(阪神・淡路大震災関連) ………… 165

Q12 災害で借家が壊れた場合の敷金は全部返ってくるか？ ………… 165
【判例12-1】最判平10年9月3日
【判例12-2】大阪高判平9年5月7日
【判例12-3】神戸地判平7年8月8日

Step-6　更新料編……167

Q13 更新料は支払わなければならないか？……167
【判例13-1】京都地判平16年5月18日
【判例13-2】東京地判平4年1月8日
【判例13-3】東京地判平4年9月25日

Q14 更新料を支払わなかった場合は？……169
【判例14】東京地判平5年8月25日

第6部　法令資料　原状回復をめぐるトラブルとガイドライン
(敷金トラブル解決法)

民法　　　172
借地借家法　　　174
消費者契約法　　　175
民事訴訟法　　　175
民事訴訟規則　　　178
東京における住宅の賃貸借に係る
紛争の防止に関する条例　　　180
原状回復をめぐるトラブルとガイドライン(国土交通省住宅局)　　　182

コラム　知って得する ワンポイント知識

敷金、保証金、権利金、礼金……どうちがうの？　　　72
通常移行はこわくない　　　78
異議審はこわくない　　　94
宅建業の仲介手数料は、なぜあるのか？　　　118

判例補遺1　最判平成17年12月16日 …………201
判例補遺2　大阪高判平成21年8月27日 …………205
判例補遺3　大阪高判平成20年11月28日 …………206
トピック　「ゼロゼロ物件」や家賃債務保証業務をめぐる
　　　　　トラブルについて …………208

第1部

敷金トラブル解決法

入門編

これだけは知っておきたい基礎知識

Q1
敷金を返してもらうために、自分で裁判までする人ってたくさんいるんですか。

A…正確な統計が取られたわけではありませんが、裁判所での取り扱いから見る限り、敷金返還請求の事件は急激に増えています。

10年くらい前は少なかったと思いますが、現在は都会の裁判所ほど損害賠償（交通事故などによる）と双璧をなすようになってきているように思われます。

その原因としては、少額訴訟の手続ができたことや、消費者契約法や敷金についてのガイドライン、条例などができたこと（175頁以下参照）、裁判所で敷金返還を命じるさまざまな判決が出されて（第5部参照）、それらのことが多くの新聞などで紹介されたこと、などが考えられます。

ただ、敷金についてトラブルが生じたからといって、すべてが裁判所に持ち込まれるわけではなく、その多くは、話し合いや、消費生活センターの指導（Q11参照）などによって一応の解決をしているものと思われます。したがって、裁判所に持ち込まれるものは、双方が譲歩などによって解決できなかったり、家主が全く返還交渉に応じないというようなケースが多いと思います。

Q2
敷金返還を争った裁判はどれくらい勝ち目があるんですか。一般的な勝率はどうなんでしょう。

A…この本の執筆者の経験では、訴訟までして返還請求した入居者の方が一銭も手にできなかったというケースは極めて少ないといえます（まれに家主が送金していたのに、それを入居者側で確認していなかったというようなケースはありましたが）。

入居の時と比べてどれくらい傷んでいたのかが争いになり、それがはっきりしないというようなケースなどでは大なり小なりグレーの部分はありえます。だからこそ裁判になりますし、また結局はその手続

の中で裁判所を介して話し合いによる解決（和解）で終わることが多いということにつながるのです。

ですから、勝ち目がゼロというケースは極めて少なく、ほとんどは何らかの成果を得て解決に至っていると思いますが、その方の満足度はそれに要した手間・時間、得られた金額やさまざま経験、知識、知恵、人間関係というようなものをその方自身がどう評価するかによって異なっていることでしょう。

いずれにしろ、勝率は高いと考えていただいて、さしつかえないでしょう。

それをマイナスの経験にせずプラスの経験にして、今後どう活かすかは、その人にかかっているのでしょう。その意味で、この本でこうしたらよいと指摘していることを前向きにとらえて、単に金銭だけではなく知識・新しい考え方やより妥当な解決を求める気持ちで取り組むことが必要かもしれませんね。

Q3
裁判をしても、判決が出ないで、和解で解決することが多いと聞きましたが。

A…はじめて訴訟をする方は、判決を求めて訴訟をするのであって、話し合いや和解を求めてするのではないという方がほとんどだと思います。ですから、訴訟が始まって、のっけから裁判官に「話し合いによる解決はどうですか」と言われると唖然とされることもあるでしょう。当事者としては、判決をしてもらうつもりなのに、なぜ裁判所の人はこんなことをいうのでしょうか。それはＱ２でも説明しましたように、第三者的に見ればやはり事実関係にあいまいな部分があったり、判決で勝っても相手が自発的に払わなかったりすると強制執行の手続を取らないといけなかったり、それでもなかなか現実には手間と費用をかけて完全に回収できないという場合もありますし、判決に対し異議や控訴がなされると、手間と費用で消耗戦になりかねないからです。

敷金をめぐる事件が増えていますので、裁判所としても、早期に解

決できる事件は早く解決することが、当事者にも裁判所にとっても合理的・経済的だとの考え方があるものと思われます。

ですから、早期解決を目指すためには、言うべきことは言うけれども、相手の出方を見ながら一定の譲歩はしながら実を取るという戦法も充分考慮に入れるべきでしょう。

Q4
裁判をしたら、知らない人の前で、難しいことを聞かれたり、証明しなければならないのですか。

A…裁判（ほぼ訴訟と同じ意味ですが、ここでは原則公開の法廷で行われる裁判手続である訴訟手続のことを指しています）は、原則公開で行われる手続ですから、法廷の中に他の事件の関係者などがいることはあります。一方、和解は公開で行われませんので、他の人には全く分かりません。

裁判の手続は、大きくは弁論と証拠調べに分かれます。弁論ではお互いが自分の言い分を書面にしたりして、どこがその事件の争いのあるところなのかをすり合わせ、争点を明らかにしたり、証拠書類を提出します。証拠調べでは原告・被告本人や証人の尋問が行われます。少額訴訟ではこの手続が明確に分けられず、一体となって行われるのが一つの特徴です。それだけ素人向けに作られた手続といえます。少額訴訟も公開となっていますが、ほとんどの裁判所では、通常訴訟を行っている法廷ではなく「ラウンド法廷」といって、丸いテーブルの置かれた、重々しくない会議室のような部屋で行われています。ですから、私たちの経験する限り、その事件の関係者以外の方が傍聴していることはほとんどありません。むしろ、テレビでやるような法廷を想像しておいでの方には物足りないかもしれません。

いずれにしても、ちゃんと説明し、争点（問題点）についてその証拠資料（証拠書類や原告・被告本人を含めた証人など）を準備しないといけないことは、どの手続をとっても同じと考えてください。

Q5

証人とか証拠調べとか弁論とか難しいことを言われても分かりません。どのように考えて取り組んだらいいのでしょう。

A…まずその事件について自分の言いたいことを充分説明する。自分は何を問題点として訴訟を起こしたのかよく分かってもらう。そして同様に相手方の話もよく聞く。そして、どこに紛争の原因や誤解のもとがあるのかを明らかにしていく過程を弁論と考えてください。

その上で、問題点を解明するために証拠書類を提出したり、直接体験したことに基づいて説明できる人(これには本人も含まれます)に本人・証人として体験を説明してもらうというような過程を証拠調べと考えてください。

ただ言いたいことは言う、充分説明するといっても、自分の言いたいことを言うだけが裁判ではありません。大事なのはそれからです。相手の言っていることにも冷静に耳を傾けることです。そして、どこにくい違いの原因があるかを見極めることです。そのためには相手の立場に立ってものごとを考えてみることも必要でしょう。

こういう作業を互いにしながら争点について相手方や裁判所の人と共通の認識をもつことができるようにするのが理想的といえます。ここまでいけば、裁判≒民主的な解決ということが実践できているといえるでしょう。

全員が、原告・被告のくい違いの原因、なぜ紛争になっているのか、即ち争点を明確に共通認識できたなら、一般的に解決は間近いといえます。

あとは、争点に沿って法律的にはどうなのか、証拠は何を調べたらいいのかということになります。

お互いの立場や考え方の違いを理解しながら譲歩しあって解決することもあれば、むしろ裁判所の公的判断を求めることもあるでしょう。しかし、それは双方が充分納得した上のことですから、わだかまりは消え日本晴れのはずです。

Q6
裁判をしたことが、他の人や会社や学校に知れて困るようなことが起こりますか。

A…偶然裁判所の前や廊下で会ったというような場合を除いて、通常、近所の人や会社の人が知るということはまずないはずです。

また、敷金返還請求訴訟を起こして、職場・得意先・学校などから不利益を受けたというようなことを聞いたことはありません。

原則としてあなたが希望しない限り、職場などに裁判所から書類や電話があるはずはないでしょう。万が一あなたが何か悪いことをして訴えられていると誤解されているなら、ちゃんと説明したほうがいいかもしれませんね。

Q7
退去の時に、家主や見積もりの業者がやって来て、原状回復の見積書みたいな書類にサインさせられてしまいました。もう争うのは無理なんでしょうか。

A…修理箇所の確認をしてくれとか何とかいって、工事の見積書に印を押させたり、ひどいのになると修理工事の金額について承諾をし、敷金から控除することも承諾したとか、もっと手の込んだ（大手業者の介入した）ケースでは、入居者が工事業者にその見積書に基づき工事を発注したという発注書とその工事費を家主が敷金から控除し、工事業者に支払うという依頼書に署名捺印させるというようなものまでありました。

このようなケースは、入居者の無知などに乗じてガイドラインやこの本で説明している法的なあり方を脱法しようとしているものと言えます。最近のケースでは消費者契約法の適用があるはずですから、仮に何らかの合意が成立したケースでも無効を主張すべきでしょう（消費者契約法の考え方や判例については、第5部参照）。

あきらめずに、まず消費生活センターなどで相談してください。また、見積書等に印をついていても、説明が不十分であったとか、単に

説明を聞いたにとどまると解されるケースもあります。

この本を読んだだけでは判断できず、迷われる方は、契約書等をもって、司法書士や弁護士に相談に行かれることをお勧めします。

Q8
敷金返還の本人訴訟をする前に、家主あるいは仲介不動産業者と交渉した方がよいのですか。

A…突然裁判をするというのではなく、やはり事前に話し合いの機会をもって、お互いに誤解のないよう、充分説明を聞き、また自分の考え方を説明して、互いに譲歩・納得して解決できるかどうか確認するのがよいでしょう。話し合いをして、そこで話がつけば済むことですから、一応交渉はしてみる必要はあるでしょう。全く交渉に応じてくれないとか、ぜんぜん話にならないときは、Q11のようなところに相談した方がよいでしょう。

Q9
家主あるいは仲介不動産業者と交渉する際、注意することはありますか。

A…まず事実関係を整理して把握し、それを前提に法律的にはどのような問題点があり、どのような結論になるのか、おおよそのところは理解しておく必要があります。

契約書や建物の現状などもよく点検してください。特に契約書の敷金についての条項・特約（注意しないといけないのは、原状回復とか何割引と書いてあっても、表面的な言葉だけでは決まらないことです。裁判所では、通常の使用に伴う損耗は借主の負担とならないと判断されることが多いですし、敷引条項自体が無効と判断される場合もあります）や借りたときの重要事項説明書の内容などにも注意し、見積書などがでている時は、損傷箇所や面積、材料のグレードや単価などについてもホームセンターや建築積算物価帳などで調べてください。

通常の使用に伴う損耗は、その分の損料は賃料に含まれていると考

えて、敷金から引かれないというのが原則（逆に言えば借り主に過失がある場合にのみ責任があるが、その場合でも工事費全額ではなく経過耐用年数を考慮した金額が借り主負担）ということを十分考慮に入れて交渉してください。

　2001（平成13年）4月1日以降に契約または更新したものについては消費者契約法の適用がありますので、場合によっては敷引条項そのものが無効ということもありえます。この本でもそのような事例の判決例も取り上げていますので、交渉の材料にすると役立つかもしれません。

Q10
事前にどんなことを準備したり、心づもりをしたらよいのでしょうか。

A…敷金の返還を求めるというのですから、当然その前に借りていた部屋や建物の明け渡しということが済んでいなければなりません。賃貸借契約書には、いつまでに解約を申し入れる必要があるとか、その窓口は仲介業者なのかなどの手続や家賃の取り扱いなどが記載されていますから、よく読んでそれを守る必要があります。

　明け渡しにあたって注意しないといけないのは、その時の部屋の状況についてきちんと立ち会って、どこに問題があるのか、その原因や生じた時期などを確認し、借主にその費用の一部の負担などが求められる場合には見積書の交付を求める必要があるということです。

　また、自分でも写真を撮ったりして事後に備えてください。相手と交渉する前に、この本を読んだり、消費生活センターに行くなどして、自分のケースはどのようなパターンにあたり、どこに問題点があるかを理解してから交渉に臨んでください。そうすると鬼に金棒のはずです。

　どこが妥協点か、交渉や訴訟の中でもいつ・どのように解決するべきかどうかなどの勘所は、あなたの主観的な条件（ともかく早く決着をつけたいとか、金銭事情、時間がないなどによります）と客観的な

条件（いわばあなたの事案の大筋。たとえばどのようなパターンにあたり、借主に過失すなわち非常識な使用といわれてもしかたのないような部分があるのか、見積書で明らかにふっかけられたりしていないか、訴訟になってどれくらい返るのか、家主は話し合いに応じるような人なのか、仲介業者は良識をもって対応するようなところかなど）にもよります。

やはり不当だとか許せないとか、今後のためにも泣き寝入りはしたくないという気持ちがおありでしたら、訴訟を続けるためにはそのような動機・心理的エネルギーも欠かせませんので、ぜひがんばってみてください。

前向きに取り組まれると良いこと嫌なこと含めて、いままでにない経験、考え方、新しい人とのお付き合いなど、きっとおつりが出ると思います。また、訴訟をしたからといって、ほとんどの事案は結局裁判所での話し合い、すなわち和解で終わっています。

Q11
裁判所に行く前に、どこかで相談をしておきたいのですが、どんなところがありますか。

A…無料のところでは、都道府県・市町村や多くの司法書士会が開設している法律相談、消費生活センターの相談窓口などがあります。有料では弁護士会の行っている法律相談があります。

これらの多くは、相談時間が30分と限られています。ですから、手短かに自分の状況を説明できるようにしておくことが必要です。

調整機能をもつものとしては、宅地建物取引業協会の行っている苦情処理のあっせん窓口も有用かもしれません。

なお、訴訟を起こす前に（法律相談ではありませんが）、公的な調整機関として、今のところ裁判所の民事調停や弁護士会の行うあっせん・仲裁という制度があります。

Q12
敷金本人訴訟ではどのくらい費用がかかるのですか。

A…裁判所に納める印紙代としては、請求額に応じて変わりますが、10万円につき1,000円と考えておいてください。また別に郵便切手が5,000円前後いります。もし60万円請求するなら、印紙代6,000円と切手代5,000円の合計1万1,000円位が必要です。

証人を呼んだときにはその旅費・日当を納めるように言われることもあります。これは訴訟費用といわれるもので、最終的には裁判所が勝ち負けの程度によってどちらがどの位負担するかを決めることになりますが、多くの事件は和解（裁判所での話し合い）で解決しますので、そのような場合にはお互いに自分の出した分は自分の負担で相手方には負担させないということで終わるようです（裁判所では、これを「訴訟費用は各自の負担とする」という表現を用います）。

なお、少額訴訟では、原則として証人となる人は同行して在廷させないといけませんので、その旅費・日当を予納する必要はありません。

Q13
敷金本人訴訟ではどのくらい時間がかかるのですか。

A…事件を受け付けてもらってから、1ヶ月前後に期日が指定されます。ほとんどの少額訴訟の場合は、その日のうちに判決なり和解で事件の決着がつくはずです。

しかし、中には判決が出たり和解したのに支払わないという場合や、どちらか負けた方が不服で少額判決に異議を申し立てるというケースもあります。前者の場合には、強制執行の申し立て（簡易裁判所でも、少額訴訟の事件については、債権差押ができることになりました〔89頁以下〕）をするということになりますし、後者の場合は通常の訴訟と同じ手続でもう一度審理をしてもらって、少額異議判決（これに対して控訴はできません）なり和解で終了ということになります。これらの場合にかかる期間は、数ヶ月から長い場合は1年程度かかるかもしれません。

なお、少額訴訟を提起しても、相手が期日の最初までに通常訴訟で審理するように申し立てると、通常訴訟に移行します。この場合には数回審理を続けることになり、不服の手続は控訴ということになり、地方裁判所でもう一度審理し直すことになりますので、あわせると1年以上ということもありえます（手続の違いなどについては第3部参照）。

Q14
裁判所はどうやって見つけるのですか。どの裁判所で手続をしたらよいのでしょうか。

A…電話帳や最高裁判所のホームページなどで、近所の裁判所の所在地や電話番号を知ることができます。ただ、訴訟を起こすには、どこの裁判所でも良いわけではなく、管轄のある裁判所でなければなりません。敷金返還請求の訴訟ですと普通そのお金の払い方が持参払いと考えられるので、請求する人すなわち原告の住所地か、請求する相手の人すなわち被告の住所地を管轄する裁判所が管轄裁判所となります。賃貸借契約書に合意管轄の定めがあればその裁判所にも管轄があります。わからなければ、最寄の裁判所で尋ねてください。

ただ、原告になるあなたの住所で訴訟を起こす場合でも、物件が被告の住所地にある場合などに、相手が自分の住所を管轄する裁判所で審理する方が迅速・適切に審理できるなどとして移送するように求めることがあります。その場合にはすでに資料は充分そろっているから、むしろこちらで進めるほうが審理が早く済み適切であるというような理由を書いて答弁をする必要があります。もし移送されたらその裁判所で審理してもらうしかありません。なお、調停の場合や督促手続（裁判所書記官から支払えとの督促を出してもらいますが、相手が異議を出した場合は訴訟に移行します）の場合には、相手の住所地の裁判所になります。

Q15
裁判所へ行く前に、準備しておく書類にはどんなものがあるのですか。

A…多くの裁判所、あるいは裁判所のホームページには、少額訴訟の訴状の定型用紙が備えてありますが、裁判所の人があなたに代わってすべてを記入してくれるわけではありません。

用紙や説明書をもらってその場で記入して提出するつもりでしたらあらかじめ先に述べました必要な印紙や切手を確認の上、購入しておく必要がありますし、契約書・見積書・写真など（これらの証拠書類は写しが相手の分と裁判所の分が必要です）、相手が法人であればその登記簿謄本などを揃えて、相手の住所や請求額、紛争の要点、請求額の根拠などを記入する必要があります。この本に訴状などの資料（本書48頁）と訴状提出点検リスト（本書68頁）が載っていますのでこれをご覧になって下書きを作って行くことをお勧めします。

Q16
裁判の当日に持っていくものにはどんなものがありますか。

A…当然のことですが、裁判所に提出した書類（訴状・証拠書類）の控えや写しの原本は必ず持参してください。なお、念のために関係していそうなものはすべて持っていったほうがいいでしょう（当日証拠調べができるものしか証拠にできません）。

また、相手方から出ている答弁書や証拠書類も持参してください。相手方の主張（言っていること）に反論したいときは、準備書面という表題で、相手方の言っている流れに沿って分かりやすく簡潔に反論を書いて出しておくと裁判官が事前に見ておいてくれます。

Q17
裁判に勝っても、すぐ敷金を返してもらえないと聞きましたが、本当ですか。

A…その日に和解してその日にお金を貰えるとよいのですが、和解で

も支払い期限が先になったりしますし、判決をもらってもすぐにお金を振り込んでくれるとは限りません。催促しても相手が任意に払わないときは強制的に債権執行などの手続をとらないと仕方ないでしょう。何を差押えするかなどを調べたりする時間なども考えると半年以上の長期戦になる場合もありえます。なお、家主が一定のお金を持参している場合、その場で支払うことにより、すぐに解決することが多いようです。

Q18
裁判に負けたらどうなるのですか。

A…仮に、完全に負けて一円も貰えないという判決が確定すれば、そのとおりに法的・社会的にその紛争は確定し、解決したことになります。判決主文には訴訟費用についても、原告の負担とすると記載されているはずです。したがって、相手が費やした費用（普通は、法律により裁判所が定める日当・交通費・文書作成費程度です）を正式に請求してくる（民事訴訟法71条の訴訟費用額の確定手続をする）場合にはこれを支払う必要がありますが、相手がこのような正式の手続をすることはめったにありません。このように考えれば、負けた場合の費用負担をおそれて訴訟をするのをためらう必要はないと思います。

Q19
図面や写真はどのような目的で、どのように作ればいいのですか。

A…図面や写真の目的は、物件のどこがどのように傷んでいるのかいないのか、あるいはその原因が入居者の過失によるものといえるものかどうかを明らかにするのと、もし入居者に責任がある可能性がある場合、その修理のために必要な工事や修理費用を見積もる前提として傷などの位置・程度や周辺の大きさなどを確認しておく必要があるからです。

そのためには簡単な展開図（各部屋はそれぞれ壁・天井・床など六つの面からなっていますので、あとで問題になりそうな部屋について

は、そのおよその大きさ・窓・建具・設備の特徴を書き入れた図面）を作ってください。日本の家屋は1間もしくは半間（約180cmか90cm）を一つのモジュール（規格の単位）としてできていますので、このことを念頭に、定規や手書きでの作図でいいでしょう。

　おおまかな方眼紙（たとえば、鉛筆で9ミリ幅のグリッド〔マス目〕）を作ってそれを利用して各部屋を描いていくのも一つの方法です。どこにどんな傷があるかなどを特定し、わかるように記入し、その全体及び各部分を大きさがわかるように定規などを置いたりしながら写真にも撮ってください。

Q20
見積書や価格の点検などはどうしたらいいのでしょう。

A…まず要修理箇所がどこのことなのかを確認する必要があります。位置や大きさ、傷、汚れなどが思い当たるでしょうか。それはあなたや家族の過失によって生じたものでしょうか。その部分の耐用年数はどれくらいと考えたらいいのでしょうか。そういうことを念頭に置いて点検していきましょう。

　見積もりの仕方はまず材料費と工賃が適正かということですが、一般的には対象の数量（面積や個数など）掛ける単価で算出されます。ですから傷んだ箇所の広さや数をもとに修理工事の対象となる適正数量を出す必要があります。工事の都合上ぎりぎりでもいけませんが、1.5倍以上になることはないでしょう。それから耐用年数のことも頭に入れて置いてください。それが8年の壁紙で3年経過済みであれば、あなたの過失で傷めたとして負担する場合でも、その8分の5でいいということです（工賃なども同様に考えていいでしょう）。適正数量について納得したとして、その次は単価です。当初のものに見合ったもの（同質同等）の単価はいくらでしょうか。

　大きな本屋か建築事務所には、見積もりのための月刊誌で時刻表のような体裁の建築工事価格積算資料というようなものが置いてあります。これには地域ごとに材料の価格、工事費の価格が詳しく載ってい

ます。これらは100パーセント正しいかどうか別にして、一応の客観的な資料といえます。

　もっと手軽な方法としては、近くのホームセンターや材木店で価格を調べてください。それと比べて極端に違っていれば、その点を家主に指摘して理由を良く聞く必要があります。なお、工賃についても、面積などは小さくても日当を請求されたりすることがあるかも知れません。あまり高いようであれば、後でもめないように相手の了解を得てこちらで修理業者を探してみるのも方法でしょう。

第2部

敷金トラブル解決法

実践編

敷金は返ってくる

第2部のポイント

　建物や部屋を借りるにあたって、家主に敷金（保証金）を差し入れますが、これは家賃の不払いなどを担保するのが目的で、もともと預け金の性格のものですから、退去した時には家賃の不払いなどがない限り原則として返還しなければなりません。

　ただ、家賃が滞っているとか、故意・過失で部屋を傷めたとか、一部返還しない特約があるなどの場合には、それに該当する金額を家主は差し引くことができます。

　もちろん裁判以前の段階では当事者が納得できるものでなければなりませんし、裁判になれば家主側がそのこと（家賃の滞納や故意・過失の存在、特約が存在することやそれが法令に違反せず有効であることなど敷金から差し引く金額の妥当性）を証明する必要があります。損害額や特約の存在が証明できなかったり、特約があっても消費者契約法や民法に違反して無効のときは、家主は敷金から差し引くことができません。

　したがって、家主が最初に入れた敷金から差し引くものがあるという場合、入居者としては充分その説明を聞き見積書なども検討し、もし納得できないものであれば法的手続などを検討する必要があるわけです。

　法的手続といっても最初から裁判を考える必要はなく、なお話し合いを続けたり、市役所などにある消費生活センターに行ってみて家主との間にはいってもらうとか、宅地建物取引業協会など業者の団体に斡旋を求めるとか、さらには簡易裁判所の調停などもあります。このような方法をとっても埒があかないとか、まったく話し合いの余地がないときは、少額訴訟や通常訴訟を提起することになります。

　この本を読んである程度の知識を身につけていただくと、必ずしも司法書士や弁護士など専門家に頼まなくても本人で手続を進めることは充分可能です。

ケース1
ワンルームマンションの場合

> **事 例**
>
> 　藤本さんは、明石市大久保にある賃貸住宅を引き払う際、敷金のうち7万円が返してもらえず、婚約者の鈴木さんに頼んで一緒にきてもらって、あかし消費生活センターに相談に行き、その助言を得て少額訴訟にたどりついたのです。
>
> ＊なお、この事例は実例ではありません。あくまでフィクションです。どの裁判所でも全くこれと同様に行なわれるとは限りません。

事例のポイント

　マンションなど共同住宅の一室を借りた場合の敷金に関する紛争の典型的なものを取り上げました。契約書は宅地建物取引業協会などが作成した一般的なものが使用され、契約条項本文には電球や障子紙など消耗品的な物は入居者の負担と書かれているのに、特約のところには原状回復の費用は入居者の負担とすると書かれているようなケースで、家主の代理をつとめる宅建業者の多くは、この特約条項をたてに壁紙・床のPタイルの張り替えや部屋のハウスクリーニングの費用を通常の何割かの敷引後の敷金からさらに差し引くことを当然のように求めてきます。このようなケースの場合多くの裁判所では、通常の使用にともなう汚れや傷は建物を賃料を取って人に貸している以上あたりまえのことであるとして、原状回復の範囲には入らないとしています（賃料の中に、既に修繕費"引当金"や償却費などの名目で必要経費として含まれているものがあると考えているからです）。このケースでは、契約書にどう記載されていたのか、損傷の場所・程度やさらには見積もりの箇所・面積や単価の妥当性が問題になりました。多くの裁判では、金額積算の妥当性が争点になりますのでどういう点に着

目し証拠を検討すべきか実感していただきたいと思います。

Step-1 簡易裁判所はこわくない

1 受付相談

　簡易裁判所の重要な業務に、市民からの「受付相談（手続相談）」に応じる仕事があります。簡易裁判所は全国各地に438庁ありますが、裁判の手続に関し、無料で相談を受けることができます。書記官や事務官が親切に相談に応じてくれます。

　もちろん、裁判所は弁護士や司法書士と違い、相談の場で自分が勝つか負けるかについては判断してくれません。しかし、相談者は、相談前に関係書類をそろえたり、今までのいきさつを簡単にまとめたものを作成して相談に臨めば、管轄する裁判所はどこか、適切な手続方法、必要な資料や証拠の具体的なそろえ方についても指示してくれることがあります。その際に重要なことは、①自分が現在いかなる状態で困っているか（例えば、敷金のうち10万円が返してもらえない）、②どのような状態を最も満足とし（例えば10万円満額を返してもらえる）、③ここまでなら妥協できる（第1回期日で即金でくれるなら、8万円でもいい）という点をはっきり伝えることです。そうすると裁判所は、より本人の気持ちに適う手続の選択や、弁護士と司法書士の違い、裁判費用がすぐに出せない場合の、「民事法律扶助」の手続の仕方まで教えてくれることがあります。

　以下は、この事例の舞台となる明石簡易裁判所での相談の様子ですが、ほかの裁判所でもおおむね同様でしょう。
　大阪簡裁や東京簡裁といった大きな簡易裁判所では、入口の守衛さんに、「『受付相談（手続相談）』で簡易裁判所の相談カウンターに行きたい」といえば、行き方を教えてくれます。また、小さな裁判所では、直接簡易裁判所の民事書記官室を訪ね、「『受付相談（手続相談）』

をお願いします」と言えば、担当の書記官が対応してくれます。札幌簡裁など、入口ホールから部署までそれぞれ色のついた矢印と導線で案内してくれる庁もありますし、少し大きな書記官室では、どこの役所にもあるような、天井から「1　督促手続」、「2　少額訴訟」、「3　通常訴訟」と言ったような札がぶら下がっている場合もあります。相談するために裁判所に来たのですから、慌てる必要はありません。近年の裁判所における相談業務は非常に改善されています。

2　ついでに裁判所見学も

　もし時間があれば、裁判所の上の階や庁舎の反対側が法廷になっていることがありますので、ついでに法廷の中を見学（傍聴）してみるのも良いと思います。事件の性質により、刑事法廷、民事法廷と分かれており、法廷も3人の裁判官で行う合議法廷や1人の裁判官の行う単独法廷、大きな円卓を囲んで裁判が進行する「ラウンドテーブル法廷」など様々あります。時間の許す限り、見学してみましょう。法廷の入り口には「開廷表」が掲示してあり、この法廷で開かれるのは民事か刑事か、何時からどのような事件があり、今日行われるのは弁論期日か、証人尋問か、判決かなどが簡単に書かれています。傍聴はだれでもできる国民の権利なのですから遠慮することはありませんし、入り口ドアの覗き窓から覗くだけでもずいぶん違います。また、傍聴した裁判が終わった直後のタイミングなら、人にもよりますが、廷吏や書記官が声をかけてくれる場合もありますし、地方の簡裁ならば、裁判官自らが、「傍聴に来たのですか？」と声をかけてくれることもあります。

　他の階もうろついてみると、手続に必要な印紙や、裁判や法律に関する書籍を売っている売店や、食堂、また地下に行くと、私服の刑事や制服の警官が長いすに座って逮捕状や捜索令状などの発行を待っている姿なども見られます。置いてあるパンフレットもいくつかもらって帰ると良いでしょう。

Step-2 少額訴訟の手続がわかる

　OLの藤本さんは家主との敷金返還のトラブルで困っていたため、婚約者の鈴木さんに頼んで明石の簡易裁判所に相談に行ってもらうことにしました。

　明石の簡易裁判所は、JR明石駅から国道2号線に沿って東へ徒歩約15分、最寄駅はどちらかというと山陽電鉄人丸前駅になります。裁判所は、国道から南に入った静かな住宅地にあります。西隣には検察庁、近くには数件の弁護士事務所（法律事務所）や司法書士事務所があります。裁判手続によく用いられる登記簿謄本などは、法務局で交付を受けなければなりませんが、法務局は裁判所から少し離れています。

　明石の裁判所には、神戸地方裁判所明石支部、神戸家庭裁判所明石支部、明石簡易裁判所という3つの裁判所が同居しています。裁判所は最近の事件の増加に配慮し、調停を取扱う仮庁舎を東側に建てています。

　明石簡裁の受付相談は、庁舎の玄関を入って、右側にある書記官室で行われていますが、書記官室の入り口ドアには、家事事件はあっち、少額訴訟はこっちと、矢印で見取り図が書かれていますので、鈴木さんはそれにしたがって中に入りました。

　藤本さんは、大久保にある賃貸住宅を引き払う際、敷金のうち7万円が返してもらえず、婚約者の鈴木さんに頼んで一緒にきてもらってあかし消費生活センターに相談に行き、その助言を得て少額訴訟にたどりついたのです。

Step-3 受付相談はこう行われる

　以下は、簡易裁判所の書記官室で行われた相談の概要です。
鈴木——すんません、少額訴訟いうのんしたいんですが……。
書記官——はい、どのような件で？
鈴木——すんませんが、借家を出るときに家主が敷金を返してくれへんのんで、消費生活センターに相談して、結局少額訴訟することにしたんですわ。
書記官——そうですか、ほんなら、こちらへどうぞ。
（書記官は右奥の相談カウンターに招きいれた）
書記官——おたくさんは、少額訴訟いうのんは、よう知っとってんですか？
鈴木——すんません、消費生活センターで聞いただけなんで、よう知りませんのですわ。
書記官——ほな、これ差し上げますんで、見てください。これに沿って説明させてもらいます。
（書記官は『初めて簡易裁判所を利用される方のために』〔最高裁判所事務総局発行〕というパンフレットを置く）
　　　　　　中を見てください。上から「調停」「支払督促」「訴訟」「少額訴訟」言うていろいろありますんで、簡単に説明させてもらいます。

1 調停の説明

書記官——まず、調停いうのんは、「話し合いで円満な解決を図る手続きです」と書いてますように、おたくさんと家主さんとで話し合いをしてもおて、裁判所の調停委員会の斡旋で、トラブルを解決していこう、いうのんです。この手続はお互いが話し合いの手続に乗らんとあかんので、相手さんが呼び出しに応じんとか、調停期日で話し合ってもお互いが譲り合えなん

だら意味ありません。

鈴木──ちょっと、教えてもおてもよろしいですか？

書記官──はいどうぞ。

鈴木──調停委員会いうのんは、どんな人でやってるんですか？

書記官──調停委員会は、調停主任いう役割の裁判官が1名と、民間から任命された調停委員が2名担当します。この2人の委員がおたくさんと相手方の話を聞いて、解決できるかどうか、解決できるんやったら、どういう案がええかを考えたりしてくれます。

鈴木──民間人でもええんですか？　ちゃんとやってくれますのん？

書記官──ほりゃあ、経験のある人やから、ちゃんとやってくれます。安心してください。ほな、次。

2　支払督促の説明

書記官──支払督促いうのんは「書類審査で行う迅速な手続きです」と書いてますとおり、裁判所書記官が金銭支払を命じてくれる手続です。相手方がこの命令に、異議を言わずに確定すると、判決と同じ効力を生じます。

鈴木──支払督促は、確定したら判決と一緒ですのん？

書記官──はい、最初に裁判所書記官から支払督促が送られます。2週間以内に、相手方、この人を債務者言うんですけど、この人から督促異議が申し立てられなかったら、今度は仮執行宣言つきの支払督促が債務者に送られます。

　　それにも2週間以内の督促異議が出されなかったら、債務者は、異議の申立てをすることができなくなり、支払督促は確定した判決と同一の効力を有します。

　　ところで、支払督促を申し立てる裁判所は債務者の住居を管轄する簡易裁判所になりますが、債務者はどちらにお住まいですか？

鈴木──私とおんなじですが。

書記官──おんなじ言われても分りませんが、明石言うことですか？
鈴木──はい。
書記官──ほんなら、ここで手続することになります。ほな次行きます。

3　訴訟の説明

書記官──訴訟いうのんは、「判決によって解決を図る手続きです」いうて書いてますとおり、法廷で裁判官がお互いの主張を聞いて、証拠調べをして、最終的には判決によって解決を図る手続です。
鈴木──すんません、ほんなら、話し合いはでけへんのんですか？
書記官──いやいや、判決だけではなくて、お互い話し合いができる余地が出てきたら、途中で和解いうのもできますよ。ほな、次が少額訴訟です。

4　少額訴訟の説明

書記官──おたくさんの考えてはる少額訴訟言うのんは「1回の審理で行う迅速な手続きです」て書いてあるとおりで、60万円以下の金銭の支払を求める場合に、1回の期日で審理を終えて、判決を言い渡す手続です。どっちか言うたら、少額訴訟は、事件に争いのないのんが向いてますね。
鈴木──争いがない言うても、法律の争いがないいうことですか？
書記官──どんな事件にも法律の面でも、事実の面でも争いがありますけど、どっちか言うたら、事実関係が複雑でなく相手が支払いに応じないだけとか、簡単な事件が向いてますね。

5　少額訴訟の事件受付の説明

書記官──おたくさん、どうされます？　少額訴訟でいかれますか？
鈴木──そうですねぇ、少額でいかしてもらいますわ。
書記官──ちょっと、待ってくださいよ。
（書記官は、パンフレット『簡易裁判所に「敷金返還請求の訴え」を

起こしたい方のために』、と簡易裁判所で用いられる複写式の訴状用紙（本書48頁）を机に置いた）

詳しくはこのパンフレットに書いてありますから、お帰りになってよく読んで検討してみてください。まず、訴状の用紙を見てください。これは複写式になってますので、下に写るように書いてください。

まず、少額訴訟も通常訴訟も同じ用紙です。少額されるんやったら、一番上に書いてある「□　少額訴訟による審理及び裁判を求めます。本年、この裁判所において少額訴訟による審理及び裁判を受けるのは　　　回目です。」いう欄にチェックつけてもおたらええんです。おたくさんは、少額訴訟は初めてですか？

鈴木──はい。

書記官──それやったら、何回目のとこは、1回目としてください。それから「明石簡易裁判所御中」と提出年月日です。

次に「原告（申立人）」と書いてある欄、ここにおたくさんの住所、氏名、電話とファックス。下には「送達場所等の届出の欄」ですが、普通はおたくさんのご自宅に書類を郵送するんですが、もし、何か不都合で勤務先とか、一時的にどこかに身を寄せているとかあったら、ここに送り先を届け出てください。

次に、「被告（相手方）」の欄、ここに、家主の住所、氏名、電話とファックス、相手は個人の家主ですか？　会社とか法人ですか？

鈴木──不動産会社かな、個人の業者かな。

書記官──法人やったら、登記簿謄本を法務局で取ってきてもおて、そこの本店所在地と代表取締役社長の名前を書いてください。それから、担当の営業所があれば、下の勤務先の所に書いてください。

続いて、2枚目の複写式の用紙、ご覧になってください。

まず、「紛争の要点（請求の原因）」と書いてある欄を見てください。今までの賃貸借契約の内容で、契約書とか領収書とかあったら、それを見て、正確に書いてください。
「1　賃貸借契約の内容」です。
「原告は、被告との間で、(2)の物件について、次のとおり賃貸借契約を締結し、引渡しを受けた。」
「(1)契約日」これはおたくさんが、相手方と契約された日、
「(2)賃借物件」所在地と名称（アパート名等）及び棟室番号、これ書いてください。
「(3)賃借期間」これは、契約で何年と決まってあれば「□　年」にチェック、期間の定めがなかったら、「□　定めなし」にチェックしてください。
「(4)賃料　1か月　金　何　円」もし、途中で契約の更新とか変更とかあったら、「(平成　　年　　月　　日から　1か月　金　　円」書いてください。
「(5)交付した敷金の額　金　　円」
「(6)敷金返還についての約定」の欄ですが、おたくさんと家主の間で、契約書があっても、敷金返還に関して約束が交わされてなければ「□　定めなし」にチェックしてください。口約束であっても、約束があれば下の「□」にチェックして具体的に書いてください。
「2　賃貸借契約終了日」と「3　物件を明け渡した日」、これらはそれぞれ書いといてください。
あと、何か特別な事情や、主張したい事実があれば、下の「その他の参考事項」に具体的にわかりやすく書いてください。
次に、上に戻って「請求の趣旨」の欄見てください。
あなたが訴えたい金額を「1　被告は、原告に対して、次の金員を支払え。金　　円」に書いてください。それに遅延利息つけたいときは、「□　上記金額に対する」にチェッ

クして、利息の発生が物件の明渡しの日からなら「□　平成　　年　　月　　日」から、裁判起こした時からなら、その下の「□　訴状送達の日の翌日」にチェック、「から支払済まで、　　％の割合による金員」を書いてください。普通は相手が個人の家主の契約なら５％、相手が不動産会社なら６％になります。

　で、「２　訴訟費用は、被告の負担とする。」「との判決（及び仮執行の宣言）を求めます。」になります。

　最後に、一番下の「添付書類」の欄見てください。賃貸借契約書とか敷金返還を求めた内容証明郵便とか、その配達証明書とか敷金領収書とか家賃の領収書、それから借りていた建物の登記簿謄本を法務局から取ってきて準備してください。証拠書類は、相手方の分も含めて、コピーを２部ずつ作成して、裁判所に出してください。このほかに、見積書とか、家の写真とか、少額は期日が１回ですから、早めに出せるものはまとめて出してください。

6　訴訟費用の説明

書記官──それから、裁判所に訴状と証拠を持ってきてもらうときには、費用が要ります。
　　おたくさん、なんぼ返してもらいたいんですか？

鈴木──ちょっと恥ずかしい金額ですねんけど、７万円いう金額です。少のぉてすんません。

書記官──いやいや、よろしいですよ。７万円やったら、収入印紙を1000円、それから連絡したり書類を送るために切手が要ります。あらかじめお預けください。余ったらお返しします。

（書記官は、切手代や印紙代を定型のメモに書入れて手渡した）

　　ほなよくお考えになって……。少額は期日が１回だけですから、証人とかの準備も要ります。よく検討してください。

Step-4 少額訴訟はこう行われる

　藤本（原告）さんは、少額訴訟をするかどうか迷った。お金もそんなにかからないし、しかも裁判は1回で全部すむので仕事を1日休むだけでよい。そう負担もないこと、なによりも理不尽な家主のやり方が腹にすえかねていたので、思いきって提訴することにした。提訴してから、しばらくして、11月某日午前10時より口頭弁論が開かれる旨のお知らせが裁判所からきた。
　藤本さんが午前10時ちょっと前に裁判所に行って見ると、ラウンドテーブルが置かれた法廷に案内された。待っていると、被告である家主もきていた。

1　自己紹介

裁判官——はじめに自己紹介をさせていただきます。私が、この事件の担当の裁判官です。原告は、藤本さつきさんですね。
原　告——はい。
裁判官——被告は、島田直人さんですね。氏名、年齢、住所は原告・被告それぞれが、書いてくださった、出頭者カードに書いてあることで間違いありませんか？
原告・被告——はい。
裁判官——こちらに座っている方々が、司法委員と呼ばれる方々で、裁判官に意見を言っていただくとか、話し合いができそうなら、両方の間に入って事件の調整なんかをして頂いてもらっています。
　　　　　　こちらが書記官です。

〈少額訴訟の説明〉
　　　　　　それでは、今日は少額事件と言うことで申立をいただいているのですが、はじめに少額訴訟の説明をさせていただきま

す。

　今日は六法のコピーをお配りします。大きい字が民事訴訟法の少額訴訟の特則、小さい字の方は民事訴訟規則というものです。

　ちょっと見ていただきたいのですが、民事訴訟法368条から380条あたりなんですが……、まず、369条により、被告が反訴をすることはできません。

　371条「証拠調べは、即時に取り調べることができる証拠に限りすることができる」とあります。

　次に、372条1項「証人の尋問は、宣誓をさせないですることができる」とか、

　373条1項「被告は、訴訟を通常の手続に移行させる旨の申述をすることができ」ます。「ただし、被告が最初にすべき口頭弁論の期日において弁論をし、又はその期日が終了した後は、この限りでない」とありますし、

　377条には、「少額訴訟の終局判決に対しては、控訴をすることができない」とあります。

　378条1項では、少額訴訟の判決に対しては、判決を受け取った日から2週間以内に、異議を申し立てることができるとされています。

　被告の方は、少額訴訟のことがお分かりになりましたか？

被　告——はい。
裁判官——少額訴訟で進める場合、ここでおっしゃる場合は、原告の言い分も被告の言い分もこの法廷では証拠になります。少額訴訟で進めることで、よろしいですか？
被　告——はい、よろしゅうございます。

2　訴状陳述・被告の答弁書陳述

裁判官——それでは、原告の方から訴状（本書48頁）が出ておりますが、原告の少額訴訟の利用は1回目、主張は訴状に書かれている

とおりでよろしいですね？
原　告——はい。
裁判官——被告の方は、答弁書（本書50頁）のとおりですね。
被　告——はい、まちがいございません。

〈争点の確認1——争いのない部分の確認〉
裁判官——1項の賃借借契約の内容について、(1)の契約日、(2)の賃貸物件、(3)の賃借期間、(4)の賃料、(5)の敷金の額、(6)敷金返還についての定めについては、記載のとおりでよろしいですか？
原　告——はい。
被　告——そのとおりです。
裁判官——2項の賃貸借契約終了の日、3項の物件を明け渡した日についても争いはないですか？
原告・被告——はい。

〈争点の確認2——争点の整理〉
裁判官——それでは、本件の争点は、被告が7万円を返すか返さないかという点ですが、被告の方の主張の根拠は整理するとどうなりますかね。
被　告——裁判長、ちょっと見てください（答弁書）。うちのほうは、契約書の8条と11条に書いてあるとおり、原告の方が退去される際に必要な経費を差し引かせてもらいました。退去の際には、ちゃんと男性の方に立ち会っていただいて、確認もしていただいたと当方の社員から、ちゃんと報告を受けております。そして、残金の11万円はお振込も致しております。
　　　　　当方は、常に150軒くらい賃貸物件を取扱い、そのうち4～50軒はワンルームを扱っております。たまには意見をおっしゃられるお客さまもおられますが、このたびのような事柄は、はじめてでございます。ちゃんと原告にご確認いただい

たと思っておりましたところ、裁判になりまして、心底驚いております。

　当方といたしましては、私どもに問題がありますればともかく、この度の場合は、たとえ5,000円の支払いを求められたとしましても、しっかりと意見を申し上げさせていただきます。

3　被告の抗弁に対する認否

裁判官――原告は、被告のおっしゃった点について、いかがですか？

原　告――私としては、ガイドラインを調べたり、消費生活センターの相談員の人に教えてもらったんですけど、通常の住み方、使い方によって生じた傷みや汚れに対する費用は、家賃でカバーされるから、家主負担だと聞いています。

　それに、被告が言われましたけれども、引渡しのときの確認は、婚約者の鈴木が立ち会ったんですけど、業者の方とちゃんと確認するようなことはありませんでした。一方的な説明があったと聞いています（消費者にわかるような確認作業、説明をしていなかったようだ）。

（※簡裁の特則276条1項で準備書面は要らないが、2項、3項で不意打ち防止のための配慮がなされている。複雑なこと、言いたいことは、前もって準備書面により整理して簡潔に書いた方がよい）

裁判官――争点を確認すると、①賃貸借契約書に基づいて、退去後のハウスクリーニング、クロスやカーペットの張替えなどの費用は、借主側の負担でできるかという点と、②原告が退去する際に、被告との間で、これらの費用の負担について、合意があったかという点ですね。

4　和解勧試（わかいかんし）

裁判官――ただいま、争点を確認しましたけれども、この段階で、話し合いで解決するということで、話し合いに入るというご意向

はありますか。司法委員の方々も来られているので、それぞれの話を聞いていただくこともできます。原告はいかがですか？

原　告—被告の今までの態度に接して、話し合いの余地は少ないんと違いますか。

被　告—わたしどもといたしましても、法的にはこれ以上の支払義務はないと考えておりますし、5,000円払えと言われましても、当方としては応じかねますので判決を求めたいと存じます。

裁判官—双方のご意向もはっきり分かりましたので、争点がこのような点でよければ、これから証拠調べをはじめますが、原告も被告も争点はこれでよろしいですか。

原　告—そういうことですね。

被　告—そういうことです。当方といたしましては、契約に基づいて必要な費用のかかることを退去の際に原告にご説明して納得いただいております。なお、付け加えさせていただきますと、ハウスクリーニングをしたり、ワンルームでカーペットやクロスの張替えをすることは、手前どもの業界では常識となっております。

5　証拠調べ

裁判官—それでは、証拠調べをさせていただきます。

　　　　書証については、原告の方は、甲1号証から7号証まで、被告の方は乙号証が10まで出ていて、人証のほうは、原告のほうは、申出書が出ておりますので、原告本人を採用します。

　　　　被告のほうは、今日きておられるのは、ご本人さんだけですが、工事をした業者さんとか、退去時の確認をした従業員の方とかきておられませんが……。

被　告—私が事情をよく知っております。ちゃんと書類も目を通して、関係者から報告を受けております。私に聞いていただければ結構です。

裁判官─被告のほうも本人を採用します。
（原告の証拠申出書→民事訴訟規則225条で尋問事項書は要しないとあるがあったほうが裁判官も質問しやすい）

6　人証　原告本人

裁判官─それでは、原告のほうからお話を聞きます。
　　　　　原告のほうから陳述書をいただいており、全体としてよく分かりますが、重要な点につきまして、2～3、裁判所からお聞きします。
　　　　　ひとつは、まず、借りたときの状態ですけれども、借りたときは、だいたい、築何年で、借りたときの様子は、新築かどうか、部屋の様子はどうだったのか、覚え、ありますかね。

原　告─登記簿をすでに提出していますが、私が借りたときですでに、築10年くらいのマンションで、全体的に古くなっていたし、冷蔵庫の製氷室も水びたしやったし、システムベッドの裏もほこりだらけで掃除が行き届いていなかったりしていました。

被　告─裁判長、ちょっといいですか？　原告は、入居時のハウスクリーニングが不行き届きやとおっしゃりたいんでしょうけど、それやったら、入居のときに、物件の確認をちゃんとしているやないですか？　今まで、なぜ黙っているんですか？　うちは、ハウスクリーニングをしない場合は、賃貸借の契約書に特約で記録します……。

裁判官─ちょっと、待ってください。被告の番になったら、またお伺いしますし、あとで原告に対して「反対尋問」もできますから、少しお待ちください。
　　　　　続けて原告にお伺いします。
　　　　　陳述書で言っておられるのは、管理費を払っているのに、手入れしてもらっていないということですが、これをもう少しお聞かせ願えますか？

原　告——はい、階段の蛍光灯の「たま」が切れていても、ほったらかしになっていて、晩家に帰るときに暗いところを、上がらないといけないので、怖かったりしました。
裁判官——退去時の物件の確認をされたのは、原告ご自身ですか？　婚約者の鈴木さんだけですか？
原　告——私は、結婚の前でとても忙しかったので、物件の確認と言っても、中は特に汚していなかったつもりなので、手分けして鈴木に立ち会ってもらいました。
裁判官——鈴木さんは、立ち会ったときの様子を、原告にどのように説明してくれましたか？
原　告——いやあ、鈴木から聞いたのは、業者が「お客さまの側に、原状回復の義務があります。つまり、あなたのお友達に費用の負担をお願いします」と一方的に言われたようです。

7　反対尋問

裁判官——被告の側から、聞いてみたいことはありますか？
被　告——ちょっと、よろしいですか？　入居時の確認は、あなたが、実際におられたんですよね？
原　告——はい。
被　告——確認ですが、退去時は、あなたはいたんですか？　それとも鈴木さんだけですか？
原　告——退去時は、鈴木だけです。
被　告——重要な事柄に、婚約者一人で立ち合わせて、それで、今ごろ、そんな言い分たつんですか？　後日になって感覚で物言ってもらったら困りますね。

（ここで、傍聴していた鈴木さんが、被告の発言に怒ったのか、突然発言）

鈴　木——ちょっと、裁判長ええですか！？　このおっさんの言うこと聞いてたら、おかしい。腹立ちますねぇ。一方的に言われたんですよ。

裁判官——ちょっと待って、傍聴の方には聞いていませんので、聞かれた方だけ答えてください。
（被告の携帯電話から派手な音楽が鳴る）
裁判官——ちょっと、被告の方も法廷の入り口に書いてましたでしょ。電話切っといてください。

8 被告への尋問

裁判官——被告にお伺いしますが、費用負担について、契約書のどこにあるか、教えてもらえますか？
被　告——賃貸借契約書の8条と11条にありますが、契約書の手書きの特約を見てください。「原状回復工事については、将来、退室時には、両者立会いにより、全額借主負担にて実費精算するものとする。」と書いてあります。
裁判官——原状回復工事は、11条1項に限られるというご趣旨ですか？
被　告——いやいや、特約は特約です。契約条項ではっきりせんとこを、特約と言うことで、相手さんにご説明させてもろとんですわ。あくまでも原状回復していただくという取決めをしております。そやから、当方といたしましては、いささかも主張を変える予定はございません。
裁判官——入居前のハウスクリーニングと言うのは、記録に出て来ていませんが、業者さんからの工事代金の領収証とかありませんか？
被　告——当方は、特定の業者と包括的な契約をしております。入居前に必ずクリーニングをかけていますが、個別の領収証は作ってもらっておりません。特異なケースでは、入居者さんが急いで入居したいと言われて、ハウスクリーニングをしないでもいいから急いでいると言うような場合は、契約書にちゃんと特約としてうたってあります。
裁判官——本件の場合はいかがですか？
被　告——契約書の特約欄にその旨の記載がないので、そのようなこと

はなかったのでしょう。通常の業務の中で記録を残しております。今回の場合は、何も書かれておりません。原告の方のように大学を出てきちんと教育を受けられていて、契約書もきちんとされた方なのに、契約の最初から泣き寝入りされたと言うことですか？　このように裁判を起こされる方が、当時も泣き寝入り、退去時の立会いも人任せというのは、どういうことですか？

裁判官──次に修理の具体的な単価を伺います。

　　　　甲第4号証と乙第4号証（見積書、本書58頁）の2通が出ていますが、中身が同じでより詳しいのが乙の4なので、こちらにしたがって聞かせていただきます。

（乙4号証を示す。）

　　　　「室内クロス替え（壁面）」という欄で、51㎡かける単価が850円となっていますが、51㎡の根拠を教えてください。

被　　告──51㎡ですか？

裁判官──一体、どこの壁の面積の合計が51平米なのか教えてください。乙の8（図面、本書60頁）を見て説明していただけますか？

被　　告──51㎡の根拠を聞かれるのは、何か根拠があるんですか？　裁判は敷金返還をすべきかどうかという法律上の話やないですか？

裁判官──それ以前に、金額の根拠を示してください。計算の根拠はいかがですか？

被　　告──内装業者の伝票のとおりで、間違いございません。

裁判官──乙8号証の図面で、原告に貸しておられた部屋は、どれですか？

被　　告──（指で指しながら）これです。ここに書かれたタイプです。

裁判官──クロスを張り替えたのはどの部屋ですか？

被　　告──この6帖の洋室です。

裁判官──壁はどこにありますか？　一方はバルコニーにつながる窓になっていますし、その対面はクローゼットと玄関につながっ

てカーテンクロスですね。ちょっと分かりにくいので、展開図を書いて張り替えた壁の面積を説明してください。

被　告──（被告は展開図を書いて）えーと、51㎡じゃなくて51メートルですかねぇ……、

裁判官──メーターやったらメーターで寸法入れとってくださいね。

被　告──えーと……。0.3かけたのが修理費用やったんですかねぇ……。

裁判官──この見積書の数字の0.3が借主負担の0.3という意味ちがいますか？

被　告──ちょっと、そこまで詳しいことは……、業者に電話かけて聞いてもよろしいですか？
（事前に申出をすれば、電話による証人尋問が認められる場合もあります。民事訴訟法372条3項、民事訴訟規則226条）

裁判官──ちょっと、それやったら具合悪いんやけどなぁ、あとで電話してくれませんか？　それから、単価の850円はどうなっていますか？

被　告──単価帳を見ていただければ、積算根拠はすぐにわかると思いますよ。このあたりの実勢価格で850円ということになろうかと思いますが、これも業者が詳しくて、私は今答えられません。

裁判官──カーペットは11.4㎡になってますわねぇ……、これはどこのカーペットでどうなりますか？　タバコの焼け焦げとかありましたか？

被　告──いいや、普通でしたよ。（なんで11.4いう数字やネン、分からんなあ……と心の中でつぶやく）

裁判官──玄関からキッチンの床修理15,000円、これは全額負担というのですが、どういうことですかね。

被　告──乙6号証を示して、この写真を見てください。床の上に鍋を置いたということです。鍋の形がはっきりしてますでしょ。

原　告──ちょっとよろしいですか？

裁判官―どうぞ。
原　　告―私が入居したときから古い感じの床で、床のクッションみたいなのんが浮いてましたよ。ぬるくて手で持てる位の鍋を置いたら、お鍋の形が付いたんですよ。
裁判官―その点被告はいかがですか？　いつ頃張替えしたんですかね。
被　　告―ちょっと分かりませんねぇ。
裁判官―床の耐用年数はいくらですかね。
被　　告―さあちょっと……。
原　　告―ちょっとよろしいですか？
裁判官―どうぞ。
原　　告―ちょっと乙4号証を見てください。「ハウスクリーニング2万円」という項目がありますね？
被　　告―はい、ありますよ。
原　　告―入居時に包括的で記録がないのに、ここで2万円の記録があるのはどういうことですか？
被　　告―だいたい、おたくの住んでいた面積ですと、これくらいのクリーニング費用はかかるもんです。よかったら、ほかの業者にも聞いてみてください。それくらいかかるのは、常識ですよ。
裁判官―司法委員の方、何かご質問ありますか？
司法委員・村田―原告が退去する際に、被告との間で、これらの費用の負担について、合意があったかという点ですが、具体的に確認をされたということは、どの記録から分かりますか？
被　　告―（書類をいちいちめくりながら）退去時に確認書に署名や印鑑を押してもらうということはないんですが、通常の業務範囲ですから、確かに、確認をしているはずです。今回担当した吉岡という社員は、非常に几帳面な社員ですから、問題のある行動はしておりません。
司法委員・村田―では、被告の提出した書類の中には、確認書のようなものはないということで伺ってよろしいんですね？
被　　告―そうですね……。

司法委員・原——被告の社員がした説明は、原告に入居時と全く同様の状態にする原状回復があるということを前提として、修理費用などの負担を求めたものである、という点は間違いないんですか？

被　　告——当然です。

司法委員・村田——本件は家賃4万円で貸しておられますが、当時の相場に比べて、とくに安かったのか、高かったのかいかがですか？

被　　告——家賃も敷金も当時の一般的な水準です。

裁判官——はい、それでは進行について、司法委員と評議しますので、しばらく休廷します。場合によっては、個別の事情を伺いますので、ここでお待ちください。

9　評議

評議の内容は、つぎの3点です。
① 返還義務があるか
② 妥当な金額は
③ 和解の可能性

裁判官——お疲れさまでした。この事件どうお考えですか？

司法委員・村田——本件の契約条項や特約を見ても、大筋としては通常使用に伴うものは貸主負担ということでいかがでしょうか？そういうことになりますと、クロスの張替、カーペットの交換は貸主負担、残るは、玄関からキッチンにかけての床の修理ということでしょうね……。

司法委員・原——鍋を置くだけで普通はどれくらい傷が残りますかね。劣化してなかったらそんな傷残りますかね。

司法委員・村田——やっぱり過失ですかね、うちの床やったらそんなすぐに変わりますかね。

裁判官——どないかな、いざとなったら床に熱い鍋置くかなぁ、やっぱ

　　　　　り慎重な人やったらそんなもんいきなり置かへんかなぁ、新聞紙くらい敷くわなぁ、やっぱり台所やったら、油も飛ぶし、水も飛ぶし、不適切かなぁ……。そやけど、実際はどんな材質かな……。

司法委員・村田―床の修理は15,000円ということですが、この15,000円がよく分りませんが、3分の1なら5,000円くらいが原告の過失と言うことでしょうか……。

司法委員・原―判決で原告が勝ったとしても、強制執行してお金取れますかね。この金額で大変ですよ。

裁判官―原告が銀行口座差し押さえたら、業者もプライドつぶされたと怒りよるしなぁ……。

司法委員・村田―さあ、ほんなら、和解の見通しどうですかねぇ、せいぜい、引くのが5,000円くらいですか、金額に開きありますわね……。

裁判官―一度、先生方から双方に和解について意向を聞いていただけますか？

（再度ラウンド法廷にて）

裁判官―お待たせしました。この事件は和解を勧めることにします。司法委員のお二人に話を進めてもらいますので、呼ばれましたら和解室に行ってください。

10　和解室にて司法委員による和解勧試

〈原告に対して・その1〉

司法委員・村田―原告は、どうぞお入りください。
　　　　　今まで、法廷で証拠調べを済ませて、お話も聞いてきましたが、あなたの方では、どの部分は引かれてもやむを得ないとお考えですか？

原　　告―ハウスクリーニングやカーペットやクロスの張り替えの負担なんか、一切妥協できません。被告の態度聞いて、とんでも

ないと思いますでしょ。
司法委員・原——まぁまぁ、興奮されずに……。
司法委員・村田——いかがですか？
原　　告——床に鍋を置いたこと（による修繕）はやむを得ませんかね。
司法委員・村田——それだけでなんぼくらいかかりますかね……。先ほどの証拠調べのときには、１万5,000円という見積もりが出ておったようですが、それでやむを得ないですかね。
原　　告——相場が正しければ、それもしゃあないかなと思いますよ。そやけど、今までのやりとりで、一つ一つふっかけられてるような気がします。簡単には、納得しにくいのが、正直な気持ちです。
司法委員・村田——それでは、このへんで、相手方の話も聞いてみましょか？
（司法委員・原もうなずく）
　　　　　　「申立人待合室」というところでお待ちください。

〈被告に対して・その１〉

司法委員・村田——（被告を招き入れて）審理終わりましたが、あなたの方としては、いくら返したらいいとお考えですか？
被　　告——司法委員さんもご存知でしょ。私とこ、この町でこの仕事さしてもおて、すでに老舗の部類やと胸を張っております。今まで、数少ないながら店子の方と訴訟をさせていただいたことがありましたが、被告や言われて、いくらかでも金を支払わなければならないなどと言われたことはこれまで一度もございません。それだけ、私どもは地元でみなさまに信用とご評価をいただいております。本件につきましても、いささかもお支払いする理由はないと、この確信に揺らぎはございません。
　　　　　　私どもの業界としていたしましては、ハウスクリーニングを借主負担とするという点は、常識となっております。その

点につきましては、原告の方にも、分かりやすくご説明申し上げ、納得いただきました。また、原告が退去なされたときには、婚約者の立会いも得まして、納得いただき、「今までお世話になりました」と丁寧なご挨拶までいただいたんですよ。

　以上のとおりでございまして、手前どもといたしましては、譲歩できるところはございません。

司法委員・村田—私どもの考えを述べさせていただきますと、通常の損耗でしたら、家主の負担とするというのが裁判所の考え方となっております。ですから、判決となれば、もちろん裁判官の決めることですけど、通常損耗の範囲でしたらハウスクリーニング、クロスやカーペットの張り替えなどは、家主の負担言われるのと違いますか？　もちろん、私どもも裁判官と評議の上での話です。

被　　告—それやったら判決いただいたら、当方も判決文を検討させてもらって、控訴させてもらうことになると思います。

司法委員・原—すでに、弁論の前に裁判官から説明を聞かれていると思いますが、被告が通常移行の申述をせずに、弁論をされた場合、途中で通常訴訟に移行することはできません。さらに、少額訴訟の判決に対しましては、通常訴訟の判決に対する控訴ではなく、異議の申立てができるにすぎません。

　異議の申立てに対しましては、当裁判所におきましては、同じ裁判官が担当することになっております。

被　　告—え、少額訴訟は、控訴もできないんですか？　ほんまかいな！　ひどい制度やなぁ！

　それやったら仕方がないですな。

司法委員・原—鍋を床に置いたとされる部分の張替えの費用、一応全額負担してもらえるとして1万5,000円、これを原告に負担してもらって、残りを返金されるということで解決いうことでいかがでしょうか？ほんまやったら、耐用年数が延びると

　　　　　いうことも指摘されうると思いますよ。ただ、今は和解をするかという場やからね。

被　　告——そないすると、５万5,000円返すかどうかということですね。司法委員の先生方には、今日一日、これだけ長いことお付き合いいただき、ご指導いただいておるわけですから、ここで顔を立てんいうわけには行きませんわ……。それでしたら、４万円お返しさせていただく、というご提案でいかがでしょうか。

司法委員・村田——ご意向は、分かりました。念のため、お伺いいたしますが、今日は現金をご用意でしょうか？

被　　告——はい、仕事柄、その程度の実費は普段より持ち合わせております。

司法委員・村田——念のため、さらに伺いますが、今日、話ができたら、すぐにお金を支払っていただけるんですね。

被　　告——もちろんです。裁判所の手をこれだけ煩わせてしまった以上、ご迷惑をかけるわけには参りません。

司法委員・原——了解いたしました。原告にも話をお伝えしますので、もう一度、外でお待ち願えますか。

〈原告に対して・その２〉

司法委員・村田——被告と話をさせていただきました。被告は、現段階では、４万円をお返しするというご意向ですが、原告として、お聞きになられて、ご意見はいかがでしょうか？

原　　告——なんで４万円になりますのん！？　１万5,000円引かれるのはいいとして、それ以上引かれてるのは一体どんな理由ですのん？

司法委員・村田——藤本さん、あなたのご主張はごもっともだとして、おっしゃるとおりの判決が仮に出たとしても、相手がそれを払わなかったら、ご自身で別に強制執行をしないとあかんのですよ。

原　　告―えっ!!　裁判所がみな取り立ててくれはるんと違うんですか！？
司法委員・村田―判決が出たとしても、少額訴訟の手続と強制執行の手続は、別の手続なんですよ。その手続はあなたがもう一度ご自身でやらないといけませんよ。それに、判決が出たとしても相手方から異議の申立てがあれば、まだ判決は決まらないので続けて裁判をしないといけないのですよ。
原　　告―そんなに大変なんですか。２回も３回も裁判所に呼ばれるんですか？
司法委員・原―そういう手間や費用を考えて、頑張るのは大変かもしれませんねぇ。もう少し減額は無理ですか？
原　　告―そんなん聞いたこともなかったですよ。裁判所のパンフレットにもそんな説明ありましたか！？
司法委員・原―お気持ちはお察ししますが、少額訴訟は民事訴訟法、執行は民事執行法と言うて、法律が違うんですよ。
司法委員・村田―先ほど、被告に確認したところ、被告の方も今日の解決を望んでいないわけではなく、和解の成立で支払う程度のお金は用意しているようですよ。
原　　告―本当にキャッシュでいただけるんでしたら、私の方もこの場で５万円いただくという条件で譲歩したいと思いますので、司法委員さんも、もう一歩だけ頑張っていただけませんでしょうか？
司法委員・村田―分かりました。被告に原告の意向を伝えさせていただきますね。

〈被告に対して・その２〉
　（司法委員は、被告に対し、原告が５万円で和解し解決したいという希望をもっていることを伝えた）
被　　告―こちらは、４万円で解決させていただくというお話しをしたところやないですか！　そらぁ、さらに１万円の上乗せは難

ケース１　ワンルームマンションの場合　　**45**

しいですな。
司法委員・村田―そうはおっしゃいますが、判決ということになれば床の補修費用の1万5,000円が全額認められるということはないと思いますよ。それに、強制執行などされようものなら社会的信用も失いますよ。この辺りで折り合いをつけてみてはいかがでしょうか。
司法委員・原―老舗のおたくがね、銀行口座を差し押さえられたりしたら、信用の回復にもそれなりの時間もかかるかもしれませんねぇ。ここは、老舗の器を示されたらどうですか？
被　告―こちらとしては全く承服しがたいところですが、そこまでアドバイスをいただきましては、先生方のお顔を立てざるをえんでしょうな。

11　和解の成立

司法委員は両当事者を法廷に呼び、裁判官は和解条項を読み上げた。
《和解条項》
1　被告は、原告に対し、本件解決金として金5万円の支払い義務のあることを認める。
2　被告は、原告に対し、前項の金員を、本日この和解の席上で原告に交付し、原告はこれを受領した。
3　原告は、その余の請求を放棄する。
4　当事者双方は、本件に関し本和解条項に定める以外に債権債務のないことを相互に確認する。
5　訴訟費用は、各自の負担とする。

裁判所に提出された書類のリスト

原　告　　訴　状
被　告　　答弁書

（証拠書類）

提出者	証拠番号	書類の標題	摘要
原　告	甲1	契約書	
原　告	甲2	敷金領収書	
原　告	甲3	陳述書（経過説明）	
原　告	甲4	見積書	（被告→原告）
原　告	甲5	退室工事に伴う精算書	
原　告	甲6	書状	（敷金返還を催告した事実）
原　告	甲7	登記事項証明書（建物）	
被　告	乙1	陳述書	
被　告	乙2	入居申込書	
被　告	乙3	解約通知書	
被　告	乙4	見積書	（内装業者→被告）
被　告	乙5	退室工事に伴う精算書（控）	
被　告	乙6	写真	
被　告	乙7-1	領収書（電気）	
被　告	乙7-2	領収書（ガス）	
被　告	乙7-3	領収書（水道）	
被　告	乙8	図面（平面図）	
被　告	乙9	消費生活センターからの連絡メモ	
被　告	乙10	振り込みの控え	

＊備考
1　少額訴訟においては、おおむね上記のような書類が提出されます。すべての書類をこの本に掲載したわけではありません。
2　原告が提出する書類は甲号証、被告が提出する書類を乙号証といいます。そして提出された順番に甲第1号証などと番号を付けます。

訴　　状

事件名　　敷金返還請求事件

☑少額訴訟による審理及び裁判を求めます。本年，この裁判所において少額訴訟による審理及び裁判を求めるのは **7** 回目です。

明石　簡易裁判所　御中　　　　平成 **17** 年 **10** 月 **×** 日

（受付印）明石簡易裁判所 受付 17.10.× 午前 時 分 （公コ）第123号

原告（申立人）

〒 657-2277
住　所（所在地）
神戸市西区美賀多台×丁目×－×

氏　名（会社名・代表者名）
藤本さつき　　㊞ 藤本

TEL 078 - 991 - ××××　FAX （Telに同じ）

送達場所等の届出

□原告（申立人）に対する書類の送達は，次の場所に宛てて行ってください。
□上記住所等
□勤務先　名称
　　　　〒
　　　　住所
　　　　　　　　　　　　　TEL　　－　　－
□その他の場所（原告等との関係　　　　　　　　　　　）
　　　　〒
　　　　住所
　　　　　　　　　　　　　TEL　　－　　－

□原告（申立人）に対する書類の送達は，次の人に宛てて行ってください。
　氏　名

被告（相手方）

〒 673-0846
住　所（所在地）
明石市上ノ丸×丁目×－×

氏　名（会社名・代表者名）
島田直人

TEL 078 - 972 - ××××　FAX 078 - 973 - ××××

勤務先の名称及び住所
　　　　　　　　　　　　　TEL　　－　　－

訴訟物の価額	70000 円	通扱者
貼用印紙類	1000 円	
予納郵便切手	4500 円	
貼用印紙	裏面貼付のとおり	

②－1　　　　　　　　　　　　　　　　　　　　　　　　（98080）

敷金返還

請求の趣旨	1 被告は，原告に対して，次の金員を支払え。 　　金　　**70,000**　　円 ☑上記金額に対する 　□平成　　年　　月　　日 　☑訴状送達の日の翌日　}から支払済みまで 　**年5％**　の割合による金員 2 訴訟費用は，被告の負担とする。 との判決（☑及び仮執行の宣言）を求めます。
紛争の要点（請求の原因）	1 賃貸借契約の内容 　原告は，被告との間で，(2)の物件について，次のとおり賃貸借契約を締結し，引渡しを受けた。 (1) 契約日　平成 **13** 年 **3** 月 **25** 日 (2) 賃借物件　所在 　**明石市大久保町大窪××××番地** 　名称（アパート名等）及び棟室番号 　**コーポあい　203号室** (3) 賃借期間　☑ **7** 年　□定めなし (4) 賃　料　1か月金 **40,000** 円 　（平成 **13** 年 **3** 月 **25** 日から1か月金 **40,000** 円） (5) 交付した敷金の額　金 **180,000** 円 (6) 敷金返還についての約定　□定めなし 　　　　　　　　　　　　　☑ **契約書のとおり** 2 賃貸借契約終了日　平成 **17** 年 **8** 月 **31** 日 3 物件を明け渡した日　平成 **17** 年 **8** 月 **25** 日 その他の参考事項 **契約書には，「原状回復工事については，将来退室時には，両者立合いにより，全額借主負担にて実費精算するものとする。」と記されています。敷金のうち11万については既に振り込まれていますので，残金7万円の支払いを求めます。**
添付書類	☑賃貸借契約書　　　　☑登記簿謄本（登記事項証明書） □内容証明郵便　　　　□配達証明書 ☑敷金領収書　　　　　☑ **業者の見積書**

②-2　　　　　　　　　　　　　　　　　　　　　　　　　　　　　(982080)

答 弁 書

□（原則として1回の期日で審理を完了する）少額訴訟ではなく通常の手手続による審理及び裁判を求めます。

明石 簡易裁判所 御中　　平成 **77** 年 **10** 月 **×** 日

平成 **77** 年（少コ）第 **123** 号　　**敷金返還** 請求事件

原告（申立人）	藤本さつき
被告（相手方）	〒 **673-0846** 住所（所在地） **明石市上ノ丸×丁目×－×** 氏名（会社名・代表者名） **島田直人**　㊞（島田） TEL **078 - 972 - ××××** FAX **078 - 973 - ××××**
送達場所等の届出	被告（相手方）に対する書類の送達は，次の場所に宛てて行ってください。 □上記住所等 □勤務先　名称 　　　　　〒 　　　　　住所 　　　　　　　　　　　　TEL　　－　　－ □その他の場所（被告等との関係　　　　　　　） 　　　　　住所 　　　　　　　　　　　　TEL　　－　　－ □被告（相手方）に対する書類の送達は，次の人に宛てて行ってください。 氏名
請求の趣旨に対する答弁	1　原告の請求を棄却する。 2　訴訟費用は，原告の負担とする。 との判決を求めます。

予納郵便切手　　　　　　　円　　取扱書

⑨－1　　　　　　　　　　　　　　　　　　　　　　（982090）

紛争の要点（請求の原因）に対する答弁	訴状に紛争の要点（請求の原因）として記載されている事実について ☑全て間違いありません。 □次の部分が間違っています。 □次の部分は知りません。
	私の言い分は次のとおりです。 藤本さつきさんと婚約者の方に丁寧に説明，ご納得の上，見積りもさせていただきました。原告の方のミスで汚された箇所の修繕費用にお預りした敷金の一部を充て，精算済みです。突然本件の訴えが起され，大変心外でございます。
	□話合いによる解決（和解）を希望します。 　□分割払を希望します。（1か月金　　　　　　　円ずつ） 　　　　　　　　　　（支払開発日　　・　　・　　） 　□平成　　年　　月　　日に一括で支払うことを希望します。 　□
	上記のような和解を希望する理由
添付書類	入居申込書　　　　　　　　写真 解約通知書　　　　　　　　領収書（電気・ガス・水道） 退室工事に伴う精算書　　　振込の控え

⑨－2　　　　　　　　　　　　　　　　　　　　　　　　　（982090）

甲第1号証

賃貸住宅標準契約書*

(1)賃貸借の目的物

建物の名称・所在地等	名称	コーポあい				
	所在地	明石市大久保町大窪××××番地				
	建て方	ⓒ共同建 長屋建 一戸建 その他	構造	木造 非木造 8 階建	工事完了年 平成5年 大修繕等を (　　)年 実　施	
			戸数	32 戸		

住戸部分	住戸番号	203 号室	間取り	(　) LDK・DK・K／ⓒワンルーム／
	面積	×× m²		
	設備等	トイレ 浴室 シャワー 給湯設備 ガスコンロ 冷暖房設備		専用(水洗・非水洗)・共同(水洗・非水洗) ⓒ有・無 ⓒ有・無 ⓒ有・無 ⓒ有・無 ⓒ有・無 ⓒ有・無 有・無 有・無 有・無
		使用可能電気容量 ガス 上水道 下水道		(　　　　)アンペア 有(ⓒ都市ガス・プロパンガス)・無 水道本管より直結・受水槽・井戸水 有(共同ⓒ下水道・浄化槽) 無

附属施設	駐車場 自転車置場 物置 専用庭	含む・含ⓜない ⓒ含む・含まない 含む・含ⓜない 含む・含ⓜない 含む・含ⓜない 含む・含ⓜない

(2)契約期間

始期	13 年 3 月 25 日から	1 年　　　月間
終期	14 年 3 月 24 日から	

(*：ガイドラインの賃貸住宅標準契約書と同一)

(3)賃料等

賃料・共益費		支払期限		支払方法	
賃　料	40000 円	当月分・翌月分を 毎月　　　日まで	振込又は持参	振込先金融機関名：	UFJ銀行 明石支店
共益費	5000 円	当月分・翌月分を 毎月　　　日まで		預金：普通・当座 口座番号：72345 口座名義人：島田直人	
				持参先：	
敷　金	賃料 か月相当分 78万 円	その他 一時金			
附属施設使用料					
そ　の　他					

(4)貸主及び管理人

貸　主 (社名・代表者)	住所 〒673-0846　明石市上ノ丸×丁目×ー× 氏名 島田直人　　電話番号 078-972-××××
管理人 (社名・代表者)	住所 〒 氏名　　　　　　　電話番号

※貸主と建物の所有者が異なる場合は、次の欄も記載すること。

建物の所有者	住所 〒 氏名　　　　　　　電話番号

(5)借主及び同居人

	借　主	同　居　人
氏　名	藤本さつき	合計　　人
緊急時の連絡先	住所 〒　　　　西脇市西脇××　藤本太郎 氏名　　電話番号 0795-22-××××　借主との関係 父	

賃貸住宅標準契約書

下記貸主（甲）と借主（乙）は、本物件について上記のとおり賃貸借契約を締結したことを証するため、本契約書2通を作成し、記名押印の上、各自その1通を保有する。

　　　　13年　3月　25日

貸　主（甲）住所　明石市上ノ丸×丁目×—×

　　　　　　氏名　島田　直人　　㊞島田

借　主（乙）住所　明石市大久保町大窪××××

　　　　　　氏名　藤本さつき　　㊞藤本

連帯保証人　住所　西脇市西脇××

　　　　　　氏名　藤本太郎　　㊞藤本

媒介業者
代理　　免許証番号〔兵庫県〕知事・建設大臣（7）第12345号
　　　　事務所所在地　明石市上ノ丸×丁目×—×
　　　　商　号（名称）ハウジングあい
　　　　代表者氏名　島田　直人　㊞島田
　　　　宅地建物取引主任者　登録番号〔兵庫県〕知事第12345号
　　　　　　　　　　　　　氏名　山田太郎　㊞山田

契約条項

（契約の締結）
第1条　貸主（以下「甲」という。）及び借主（以下「乙」という。）は、頭書(1)に記載する賃貸借の目的物（以下「本物件」という。）について、以下の条項により賃貸借契約（以下「本契約」という。）を締結した。

（契約期間）
第2条　契約期間は、頭書(2)に記載するとおりとする。
2　甲及び乙は、協議の上、本契約を更新することができる。

（使用目的）
第3条　乙は、居住のみを目的として本物件を使用しなければならない。

（賃料）
第４条　乙は、頭書(3)の記載に従い、賃料を甲に支払わなければならない。
２　１か月に満たない期間の賃料は、１か月を30日として日割計算した額とする。
３　甲及び乙は、次の各号の一に該当する場合には、協議の上、賃料を改定することができる。
　一　土地又は建物に対する租税その他の負担の増減により賃料が不相当となった場合
　二　土地又は建物の価格の上昇又は低下その他の経済事情の変動により賃料が不相当となった場合
　三　近傍同種の建物の賃料に比較して賃料が不相当となった場合

（共益費）
第５条　乙は、階段、廊下等の共用部分の維持管理に必要な光熱費、上下水道使用料、清掃費等（以下この条において「維持管理費」という。）に充てるため、共益費を甲に支払うものとする。
２　前項の共益費は、頭書(3)の記載に従い、支払わなければならない。
３　１か月に満たない期間の共益費は、１か月を30日として日割計算した額とする。
４　甲及び乙は、維持管理費の増減により共益費が不相当となったときは、協議の上、共益費を改定することができる。

（敷金）
第６条　乙は、本契約から生じる債務の担保として、頭書(3)に記載する敷金を甲に預け入れるものとする。
２　乙は、本物件を明け渡すまでの間、敷金をもって賃料、共益費その他の債務と相殺をすることができない。
３　甲は、本物件の明渡しがあったときは、遅滞なく、敷金の全額を無利息で乙に返還しなければならない。ただし、甲は、本物件の明渡し時に、賃料の滞納、原状回復に要する費用の未払いその他の本契約から生じる乙の債務の不履行が存在する場合には、当該債務の額を敷金から差し引くことができる。
４　前項ただし書の場合には、甲は、敷金から差し引く債務の額の内訳を乙に明示しなければならない。

（禁止又は制限される行為）
第７条　乙は、甲の書面による承諾を得ることなく、本物件の全部又は一部につき、賃借権を譲渡し、又は転貸してはならない。
２　乙は、甲の書面による承諾を得ることなく、本物件の増築、改築、移転、改造若しくは模様替又は本物件の敷地内における工作物の設置を行ってはならない。
３　乙は、本物件の使用に当たり、別表第１〔略〕に掲げる行為を行ってはならない。
４　乙は、本物件の使用に当たり、甲の書面による承諾を得ることなく、別表第２〔略〕に掲げる行為を行ってはならない。

5　乙は、本物件の使用に当たり、別表第3〔略〕に掲げる行為を行う場合には、甲に通知しなければならない。

（修繕）
第8条　甲は、別表第4に掲げる修繕を除き、乙が本物件を使用するために必要な修繕を行わなければならない。この場合において、乙の故意又は過失により必要となった修繕に要する費用は、乙が負担しなければならない。
2　前項の規定に基づき甲が修繕を行う場合は、甲は、あらかじめ、その旨を乙に通知しなければならない。この場合において、乙は、正当な理由がある場合を除き、当該修繕の実施を拒否することができない。
3　乙は、甲の承諾を得ることなく、別表第4に掲げる修繕を自らの負担において行うことができる。

（契約の解除）
第9条　甲は、乙が次に掲げる義務に違反した場合において、甲が相当の期間を定めて当該義務の履行を催告したにもかかわらず、その期間内に当該義務が履行されないときは、本契約を解除することができる。
　一　第4条第1項に規定する賃料支払義務
　二　第5条第2項に規定する共益費支払義務
　三　前条第1項後段に規定する費用負担義務
2　甲は、乙が次に掲げる義務に違反した場合において、当該義務違反により本契約を継続することが困難であると認められるに至ったときは、本契約を解除することができる。
　一　第3条に規定する本物件の使用目的遵守義務
　二　第7条各項に規定する義務
　三　その他本契約書に規定する乙の義務

（乙からの解約）
第10条　乙は、甲に対して少なくとも30日前に解約の申入れを行うことにより、本契約を解約することができる。
2　前項の規定にかかわらず、乙は、解約申入れの日から30日分の賃料（本契約の解約後の賃料相当額を含む。）を甲に支払うことにより、解約申入れの日から起算して30日を経過する日までの間、随時に本契約を解約することができる。

（明渡し）
第11条　乙は、本契約が終了する日までに（第9条の規定に基づき本契約が解除された場合にあっては、直ちに）、本物件を明け渡さなければならない。この場合において、乙は、通常の使用に伴い生じた本物件の損耗を除き、本物件を原状回復しなければならない。
2　乙は、前項前段の明渡しをするときには、明渡し日を事前に甲に通知しなければならない。
3　甲及び乙は、第1項後段の規定に基づき乙が行う原状回復の内容及び方法について協議するものとする。

（立入り）
第12条　甲は、本物件の防火、本物件の構造の保全その他の本物件の管理上特に必要があるときは、あらかじめ乙の承諾を得て、本物件内に立ち入ることができる。
2　乙は、正当な理由がある場合を除き、前項の規定に基づく甲の立入りを拒否することはできない。
3　本契約終了後において本物件を賃借しようとする者又は本物件を譲り受けようとする者が下見をするときは、甲及び下見をする者は、あらかじめ乙の承諾を得て、本物件内に立ち入ることができる。
4　甲は、火災による延焼を防止する必要がある場合その他の緊急の必要がある場合においては、あらかじめ乙の承諾を得ることなく、本物件内に立ち入ることができる。この場合において、甲は、乙の不在時に立ち入ったときは、立入り後その旨を乙に通知しなければならない。

（連帯保証人）
第13条　連帯保証人は、乙と連帯して、本契約から生じる乙の債務を負担するものとする。

（協議）
第14条　甲及び乙は、本契約書に定めがない事項及び本契約書の条項の解釈について疑義が生じた場合は、民法その他の法令及び慣行に従い、誠意をもって協議し、解決するものとする。

（特約条項）
第15条　本契約の特約については、下記のとおりとする。

> 原状回復工事については、将来退室時には、両者立合いにより全額借主負担にて実費精算するものとする

別表第4（第8条関係）

畳表の取替え、裏返し
障子紙の張替え
ふすま紙の張替え
電球、蛍光灯の取替え
ヒューズの取替え
給水栓の取替え
排水栓の取替え
その他費用が軽微な修繕

乙第4号証

御見積書

(見積第　　号)　H17年 8月25日　No._____

島田 様

貴　年　月　日付第　　号御照会の件
下記のとおり御見積申し上げます

受渡期日　　　　年　　月　　日
受渡場所　コーポあい203
取引方法
有効期限

明石市大久保町大久保
〇〇インテリア
TEL. 078-941-〇〇〇〇
FAX. 078-941-××××

税込合計金額　　　　　　　税率　　%　消費税額等

	摘要	数量	単価	金額(税抜・税込)	備考	
1	室内クロス替へ（壁面）	57m²	850	◎ 43477		
2	43.477×0.3　57㎡×0.3=15.3×1020			13000	借主負担	15,606
3				33477	会社負担	
4	カーペット	17.4 m²	3700	◎ 42780		
5	42.780×0.72　17.4㎡×0.72=1.368改め7.4㎡			5000	借主負担	6,267
6	7.4㎡×4440			37780	会社負担	
7	カーペット めくり			◎ 5500	会社負担	
8						
9	玄関〜K.C床修理			◎ 15000	借主負担	78,000
10	残材処理		◎ 5,500	7500	借主負担	7,800
11	〃　〃			4000	会社負担	
12	ハウスクリーニング			◎ 20000	借主負担	25,000
13	ベッド　カバー	7枚		◎ 2500	会社負担	
14						
15					借主負担	66,667
16					50%	3,333
17					合計	70,000
18						
	合計					

甲第５号証

退室工事に伴う精算書

平成17年10月7日

様

一金110,000円也

【返還金】

振り込み先
UFJ銀行 明石支店　当座×○×○
島田直人

決済方法　保証金より相殺
（返還金又は追加料金計算式）
保証金180,000円－退室工事代70,000円＝返還金110,000円

物件名

部屋番号　あい203号

(印)

資料／退室工事に伴う精算書　59

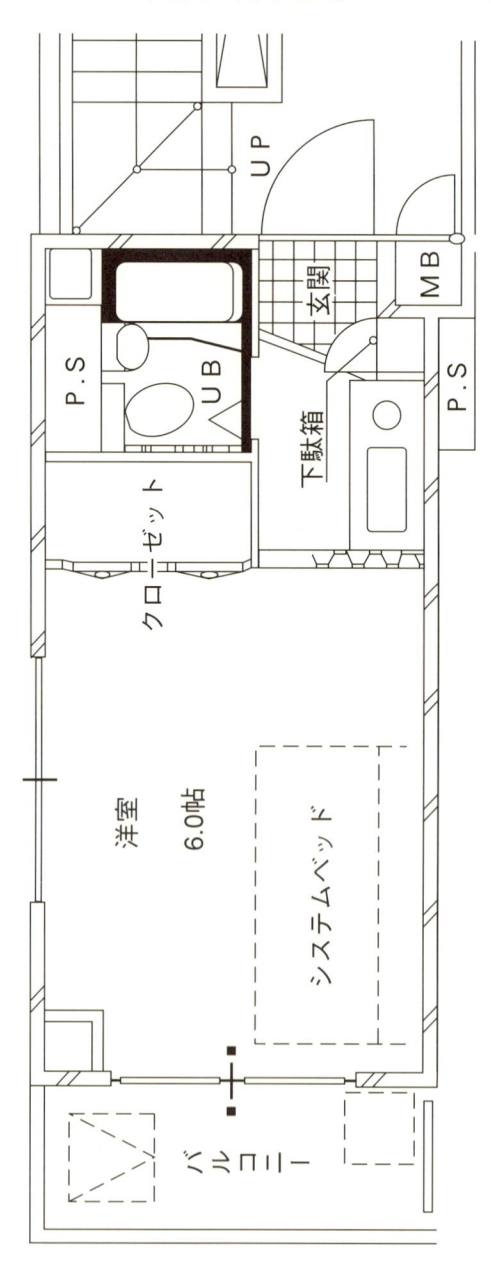

図面（平面図）　　　乙第8号証

ケース2

戸建住宅の場合

> **事 例**
>
> 　この事例は、国定不動産が東さんに貸した戸建住宅の賃貸借契約をめぐるトラブルです。入居者だった東京一さんが、裁判所に訴えて、原告として56万円の敷金返還を求めたものです。
>
> 　問題の戸建住宅は、兵庫県西宮市内の上ヶ原と言われる所にあり、原告のお父さんの東太郎さんが大阪万博の少し前に国定不動産の先代の経営者国定忠一さんから借りたものでした。
> 　この住宅は関西学院や神戸女学院からも近い場所にあり、少し歩けば岡田山から大阪湾が一望できます。いわゆる文教地区に近いところで、春になると甲山を借景とする高校から大学へ通じるバス通りは、サクラの花が咲き乱れ、大変文化的・進歩的なイメージもするのですが、小学校の裏には、田畑が広がり、近郊農家が米や野菜を作っていました。梅雨時ともなると近所中からウシガエルの鳴き声のするなんとものどかな場所にありました。原告のお父さんは、以前は大阪市内に住んでいたのですが、工場の裏で騒音や悪臭がひどく、子どもたちの成長を願って、阪神間で物件を探しまわり、やがて甲東園の市場の裏にある国定不動産を訪ね、この物件に転居したのでした。土地建物は国定さんが所有しており、子どもを育てるには十分な広さがありました。
>
> 　賃貸借契約を結ぶ際、東太郎さんと国定忠一さんは、尼崎の公証役場で公正証書による契約書を作成しました。契約の内容は、
> ・契約期間は、最初2年間で、以後、別段の意思表示なきときは、1年間の自動更新とする
> ・賃料は月額45,000円、共益費月額7,000円とする（以後、値上げ

され、賃料は月額59,500円、共益費は月額11,050円）
・敷金は、賃貸借契約締結時に70万円を支払う
・敷引は2割の14万円とする
というもので、公正証書には、図面が添えられていました。しかし、図面には、トイレが明示されていませんでした。

　今回の事件は、東さんが平成15年の秋、借家を退去したいという意向を国定不動産に伝えたときから始まりました。
　東京一さんは国定不動産に出向き、「近いうちに転居したい。そのときはどのような手続が必要か」という相談をしたのですが、国定忠治さんは、「敷金から2割の敷引だけではなく、内装工事、トイレの取壊し、台所一式の修繕の費用も頂きたい」という説明をしたのです。つまり、
・退去の際に、公正証書による契約のとおり、お父さんから預かった敷金70万円のうち、契約で14万円の敷引をするが、それ以外に次の費用も必要である
・畳、壁紙などの張り替え等の内装工事は、入居者の負担である
・台所一式の入れ替え工事も、原因は入居者が使って汚したのだから、入居者の負担である
・トイレもすべて作り直す必要があるので、その費用を入居者が負担すべきである
・工事の期間は、新たな入居者からの家賃収入がないので、その分も東さんが賃料相当の損害金として支払うべきである
・したがって、上記の合計額は130万3,429円である
というのです。

　東さんにしてみれば、公正証書を読む限り、国定不動産からそんな主張をされるいわれはないだけに、びっくりしてしまいました。

公正証書には、退去時の約束として、
- 入居者が退去する際は、3ヶ月前までに家主に予告しなければならない
- 本契約が期間満了、解除、解約等により終了することになり、入居者が本物件を家主に返還するにあたっては、入居者が自己の費用で原状に回復するものとする。なお、原状回復にあたっては、家主、入居者が協議の上行うものとする。ただし、通常使用に伴う損耗・自然劣化による補修は、敷引で行うものとするという内容がうたわれていました。

　東さんは、敷引後の56万円が返ってくるものと考えていたのに、これでは大変な出費だと困ってしまいました。東さんが借家を引き払うことにしたのは、この家が、古くなって雨漏りがしたり、あちこち傷んできただけでなく、トイレの使いづらさもありました。
　この家は、昭和42年頃に建てられたのですが、前述の通り、公正証書の図面にはトイレが明示されていませんでした。
　昭和62年頃、国定不動産は市役所の指導を受けてトイレを水洗化することになったのですが、先代が急死し、事情を知らぬまま後を継いだ国定忠治さんと東さんのお父さんが水洗化の費用をめぐり、行き違いが起きていました。そこで、家主と入居者間でのとりきめとして、
- 汲み取り便所から水洗便所にする際、国定不動産は、東さんの要望を容れて、約1メートル北に現在の水洗便所を設置する
- 工事費用は50万円かかるが、家主と入居者が折半する
- 入居者は退去時に、折半した工事費用の25万円の返金を求めない

という契約を結ぶことにしていました（そのような内容を裏付ける当時の念書がでてきました）。
　とりきめを交わす前の夜、東さんのお宅では、お父さんが、お

母さんに対して、「家主の息子の忠治は、ほんまにせこいやっちゃ！　おのれの家の価値を増やすのに他人のふんどしで相撲とってどうする！　忠治の名前負けや！　ケチの助で十分じゃ！」と怒っていたということです。

　東さんにしてみれば、家主所有の家のトイレの水洗化工事で費用を負担させられた上に、今回退去にあたって、その取壊し費用まで負担させるのには、全く納得がいきませんでした。
　しかし、国定不動産の主張は、原状回復とは、公正証書に添えられた図面に書かれたとおりに戻すことで、図面にはトイレが明示されていない、というものでした。
　その上、長い年月住みつづけたにもかかわらず、畳や建具、屋根の雨漏りの修復も一切、東さんの側で負担されつづけました。

　そこで東さんは、司法書士に相談を持ちかけ、敷金返還請求事件として裁判を起こすことにしました。

　裁判所での争点は、
・入居者の原状回復義務の範囲はどこまでを指すのか。
・原状回復義務に不履行がある場合、損害額はいくらになるのか。
というものでした。

　裁判所では、何度かの口頭弁論が開かれ、次のような判決が下されました。

　〈主文〉
　被告（国定不動産）は、原告（東）に対し、56万円を支払え
　訴訟費用は被告の負担とする。
　この判決は仮に執行することができる。
　〈裁判所の判断（理由）の要旨〉

トイレ取壊しの費用負担について、
1　水洗化後のトイレの場所について、家主は、入居者の要望を容れ、現状の場所にすることを黙示にしろ承諾していた。
2　公正証書添付の図面にトイレは明示されていないが、トイレの水洗化工事は、当時の社会情勢からも必要不可欠なものであったし、工事の便宜上、現在の位置に設置したことは、建物の位置関係などからやむを得ないものであって、合理性がある。
3　本件賃貸借契約においては、水洗化工事のなされた時点もしくはその直後の賃貸借契約の更新のときに黙示的に、水洗トイレが現状のように設置されることが契約の内容となっていたというべきである。この点は、公正証書にはもちろん記されていないが、水洗化工事の際にも入居者が将来の退去時に原状回復するという合意はないし、原状回復すべきと認めるために必要な証拠もない。家主自身の法廷での証言も採用できないから、トイレの原状回復について特約があったとは認められない。

建物の破損（毀損）、汚損について、
1　本件借家の毀損・汚損について損害賠償を求めた特約は、賃貸借契約の性質から考えると、通常の住まい方に伴って生じる毀損・汚損は含まれないとするのが相当。
2　証拠（証言、当初の状況、変化の経緯、現状等が分かる写真・図面など）からすると、本件建物の畳・壁紙・台所が相当程度汚れ、損傷していたことは明らかであるが、賃貸借の期間中、入居者からの請求にもかかわらず、家主による修理がなされず、屋根の雨漏りの修復工事も入居者の負担でなされていることが認められる。
3　畳などそれぞれの耐用年数からするとその汚れや損傷は通常の使用によって生じる範囲のものである。

ケース2　戸建住宅の場合

> 結論
> 　したがって、入居者には、トイレ・畳・壁紙・台所一式等を原状回復する義務はない。
> 　よって、敷引後の敷金56万円を返金すべきである。

事例のポイント

　こんどは戸建住宅の典型的なものを取り上げました。戸建住宅の場合はマンションなどと比べて賃貸期間がかなり長い場合が多く、それなりに傷んでいたり、家主が手入れをしないため入居者が自分の費用で修繕していたりということもあります。また何十年も借りたケースでは相続で当事者が変わっていたり、契約書がなくなっていたり、その間の事情が分からなくなっている場合もあります。

　この事例ではたまたま昔の公正証書が残っていましたが、今の家主は契約当初の家主の相続人であるため、トイレを水洗にしたときのいきさつや、家主が修繕してくれないので屋根の瓦を入居者がやり換えたことを知りません。それなのに敷金を返還するどころかまっさらにするための高額の費用の支払を求めてきたケースです。こういう風にいわれると入居者としては昔のことは証明できないし、まっさらにする義務があるのかと慌てることになります。

　ワンルームマンションのところで説明しましたように、通常の使用にともなう劣化・損傷は家主の負担ですから、何十年も使って建物ががたがたになっていて、もう耐用年数を過ぎていて、経済的に見ても朽廃といえるような状況の場合には、入居者がそれを新しくするための費用を負担する必要はありません。この事例ではこのようなケースにあたるかどうかが問題となりました。新築物件ではなく、借りたときに既に相当傷んでいたというケースです。

　前の退去者からは修繕費用を取っていても完全に修理していなかったり、入居者が気がつかない傷みもあります。入居者が一部手を入れている場合もあります。裁判所はそれぞれのケースに応じて合理的な

解決をめざしますので、いろいろな事情があればそれを分かりやすく提出してゆく必要があります。もちろん入居者やその家族が注意が足りず損傷を与えたため、その修繕費用を耐用年数に応じて差し引かれるケースもあります。何度も繰り返しますが、入居者の原状回復義務といっても普通に使用していた場合には、それを新しくする費用を負担する必要はありません。

　もっとも特約でこれを修正するようなものがないとは限りませんが、そのような場合でも、裁判所は、たとえ契約書に書いてあってもそのような合意が存在したとは認められないとか、公序良俗や消費者契約法に違反するなどとして、社会的に不合理な特約の効力を否定することがあります。ただ、民事訴訟では当事者自身が自分に有利なことは主張・立証することを求めていますので、すべてを裁判所におまかせしていれば安心というわけには行きません。

　この本を活用して、必要なことは自ら主張し、紛争の問題点を指摘し、おだやかに議論し合って問題点を相互に認識して共通の理解に達することができれば、もう解決は目の前にあると言えるでしょう。

訴状提出点検リスト

◎訴状提出点検リストの用い方

　このリストは、裁判所に足を運んだことのない人が、自分で裁判手続を進めるときに最終チェックをするためのものです。裁判所に書類を出す前に、このチェックリストに従い、①訴状、②訴状に添える印紙や切手、③添付書類、④そのほか持参すべきものをそろえてください。

　①の訴状は、裁判所に用意されている定型訴状用紙の利用をお薦めします。

①訴状

● **訴状の記載内容の確認**

〔当事者〕

☐あなた（原告）の住所、氏名に誤りはありませんか。

☐相手（被告）の住所、氏名に誤りはありませんか。特に、相手が会社などの場合、商業登記の書類（登記事項証明書など）と照らして、所在地、社名、代表者などに記載漏れや誤りはありませんか。

〔手続の選択〕

☐少額訴訟を選択する場合は、その旨チェックを入れたり記載しましたか。

☐少額訴訟を選択する場合、今年の利用回数を記載しましたか。ないときは、0回としておきましょう。

〔請求の趣旨〕

☐請求の趣旨の金額には誤りはありませんね。

☐損害金を求める起算日に間違いはありませんね。起算日は明け渡し日以後のはずですが、契約で明け渡し後1ヶ月となっているような場合はそれに合わせた方が無難でしょう。訴状送達の翌日からと、記載しても構いません。

〔紛争の要点〕　請求の原因といわれるものを簡略化したもので、およそ次のようなものの記載があるかを確認してください。

- □契約の年月日……賃貸借契約書と照合してください。
- □契約の内容（賃貸借、敷金交付など）……物件（これも確認）を賃借、敷金（保証金）を交付したこと。賃料、賃借期間の定めの有無など。
- □契約の内容（敷金の取扱についての条項）……敷引額などの有無・内容。
- □契約の内容（敷金・保証金の返還時期）……○なし　○物件明け渡しから（　）か月後。
- □物件明け渡しの日及び賃貸借契約終了の日……同じ場合あり。
- □物件を明け渡し賃料債務などもすべて支払いましたか。
- □敷金（保証金）額、控除すべき額（なければ０、あればその敷引や日割り賃料・光熱費など）、控除後の残額（請求額）の確認、請求額と合致していますか（内金として一部請求のときは別）。

● **管轄（原告か被告の住所地を管轄する裁判所）・手続選択（少額訴訟、通常訴訟、簡裁・地裁）などの確認**
- □少額訴訟の場合、請求額は60万円以下。
- □簡易裁判所での通常訴訟の場合、請求額は140万円以下、それを超えるものは地方裁判所（事物管轄といいます）。
- □提出する簡易裁判所に管轄があるか（土地管轄といいますが、裁判所の人に確認）。

● **訴訟物の価額の記入**
- □請求額のことです。

● **訴状の副本（訴状のコピー）**
- ・裁判所の定型訴状用紙を用いる場合→副本を用意する必要はないと思います（複写式のため）。
- □自分用の控えに裁判所の受付印をもらうこと。
- ・自分で用意する場合→相手に送る分と自分の控えを作っておくこと。

☐相手が1名であれば副本1通と自分の控えで2通。

②訴状に添付する収入印紙、切手
● **添付するもの**
☐提出する収入印紙（消印、割印は絶対しないこと）
　請求額10万円につき1,000円と考えてください（裁判所の人に確認）。
☐郵便切手（郵券といいます、裁判所ごとに違います。裁判所の人に確認。およその目安に、一例をかかげておきます。被告1名の場合です。500円、200円、100円、80円、50円、20円、10円いずれも各5枚の合計4,800円です）。
　実際には、以下のようにメモをして確認することをおすすめします。

　　500円　　　枚　　200円　　　枚　　100円　　　枚　　80円　　　枚
　　50円　　　枚　　20円　　　枚　　10円　　　枚

③添付書類
☐証拠書類（書証といいます）のコピー各2通（裁判所と相手のためのもの、コピーのもとになったものを原本といいますが、法廷で提示を求められますので、裁判の日には持参のこと）
☐「甲1号証」というように、各証拠書類ごとに番号を付けること。
　書証としては次のようなものが考えられます（全部揃っている必要はありませんが、できるだけ提出した方がよいでしょう）。
◎賃貸借契約書……敷引についての約束ごとを確認するため。
◎重要事項説明書……上記確認および部屋の状況などについての特記の有無。
◎敷金（保証金）の預り証・領収書……金額の確認。
◎建物・部屋の図面（略図、間取り図）……問題の箇所の位置や大きさなどを記載。
◎内容証明郵便と配達証明……損害金の起算日に関係することあり。
◎敷金の精算書……なぜ、どういうことで控除されたのかが分かる。
◎振込金受取書……一部にしろ返金されている場合には控除。

◎建物、部屋の明渡し時・入居時の室内・問題箇所の写真……問題箇所の損傷の有無、通常使用にともなう損耗といえるかを決めるのに役立つ。

◎補修・クリーニング等の見積書・領収書……同上、特に問題箇所の有無、大きさ、修理方法の是非、単価などについて相当性を判断する手がかりとなることがある。

◎相手方とやりとりしたメモなど……トラブルになる前後からやりとりしている内容が事実の真偽を判断するのに手がかりとなることがある。

◎陳述書・報告書……あなたや関係する人が、損傷箇所や見積もり、交渉経過などについて、裁判所の理解を得るため、時間を追って分かりやすく物語風に説明したものを、訴状や準備書面とは別に証拠として提出する（法廷の証言を補うものとして使用できる）。作成者の住所・氏名・押印があること。

☐登記事項（履歴事項）証明書……原告や相手が会社など法人のときのみ必要。法務局でもらう。

☐土地・建物登記簿謄本……必ずしも必要でないでしょう。法務局でもらう。

☐固定資産評価証明書……必ずしも必要でないでしょう。市町村役場でもらう。

☐戸籍謄本……（結婚などによる改姓や相続があった時以外）必要でないでしょう。市町村役場でもらう。

☐住民票……（住所の変更があった時以外）必ずしも必要でないでしょう。市町村役場でもらう。

●④そのほか持参すべきもの●

☐印鑑（シャチハタの類はよくないとのこと、今後も同じものを使うことになるので分かるようにしておくこと）

コラム 知って得するワンポイント知識

敷金、保証金、権利金、礼金……どうちがうの？

　この本では敷金の返還請求がテーマになっていますが、現実の賃貸借契約ではこの他にも「権利金」「礼金」「入館料」「入会金」「建設協力金」「保証金」など様々な名目で家主に支払や預託される金銭があります。

　「敷金」とは、借主の賃料支払義務その他の賃貸借契約上の債務を担保するために、家主が借主の退去まで預かっておく金銭をいいます。たとえば賃料の未払いが発生し、借主が原状回復をしないまま退去してしまったときなどに借主が負担すべき金銭を、予め家主が確保しておくものです。したがって、そのような債務を差し引いた残額については、借主の退去後に返還されることになります。

　「権利金」「礼金」というのは、商業テナントとして借りるような場合に多く利用されてきたもので、家賃とは別に、返還を予定しないものとして支払う金銭であり、「契約してもらうことの対価」と考えられてきました。また実際には、短期間で借主が退去する場合などに家主が負担するリスク（空室期間の発生や広告・改装費の負担）を部分的に借主に負担させるものとして機能してきました。現在では地域差はありますが、居住用アパートなどでも広く用いられており、敷金からあらかじめ返還しない金額を定めておく「敷引」とほぼ同様のものと一般的には理解されています（もっとも「敷引」の性質については一概に礼金と同様とは言い難い場合もあります）。

　「入館料」あるいは「入会金」の多くも、借主の退去時に返還されることを予定しない金銭という意味では、礼金

と同様の性質をもつものと考えられます。しかし入館料や入会金は、家主が経営もしくは参加する不動産賃貸グループの物件に入居するための会員資格として位置付けられるものもあり、権利金などと全く同一の性格のものとは言えない面もあります。

「建設協力金」とは、借主が土地所有者に費用を貸し付けて地主所有の建物を建ててもらった上で、これを賃借し、家賃を支払うときに貸し付けた費用を少しずつ相殺する方法で返済してもらうもので、特に商業施設を建てる際に多く用いられてきました。「造成協力金」や「設備協力金」など同様の性格のものがありますが、これらは賃貸借契約と一体として行われるものではあっても、法的な性質は家主個人に対する貸付金（不動産賃貸借契約とは別個の消費貸借契約）であると考えられます。

これらに対し、「保証金」と呼ばれるものについては、内容が様々なものがあります。多くは「敷金」の性格を持つものといえますが、必ずしも全額が返還の対象となっているとは限りません。中には「建設協力金」のような貸金についてまで「保証金」と呼んでいる場合がありますから、当該「保証金」が何を意味しているのかについては注意が必要です。

このように家主に渡す金銭には様々な名称のものがありますが、重要なことは、名称のみによって性質を判断するのではなく、「敷金」のように借主の債務を担保するために預託し、退去後返還される性質のものなのか、あるいは「礼金」のように一時金として支払ってしまい、返還されない性質のものなのか、また「建設協力金」のように特定の対象に対する貸付金であって、家主が変更した場合には賃貸借契約に付随して移転しないような性質のものなのか、十分確認することだといえるでしょう。

＊第2刷刊行後に耳目を集めるようになった「定額補修分担金」に関しては、判例補遺3（206頁）参照。

もしもあの時こうしていたら……
紛争予防のためのガイドラインの活用

　ここまでは、敷金の返還について争いになった場合の「訴訟の様子」について、ワンルームマンションの事例と戸建賃貸住宅の事例を見てきました。でも、訴訟になる前に少し注意していたら、争いは未然に防げたかもしれません。この項では、賃貸住宅を借りるときから退去するまでの各段階において、どのような点に注意しておくことが必要か、どうすれば紛争を未然に防止することができるのか、といった注意点について解説しています。

　なお、ガイドラインは182頁以下に、賃貸住宅標準契約書は52頁以下に掲載しました。

注意点…①
物件を借りる前、チラシや契約書をよく見ましょう

　まず事前に契約条件などをよく確認しましょう。不動産屋のチラシやウインドウに貼られた掲示に敷金の額や敷引の有無、金額などがどのように書いてあるでしょうか。物件の築年数やリフォーム済みなのかなど物件の説明にも注意して下さい。原状回復の義務や入居者の負担となる修理の範囲もよく聞いておく必要があります。そして、それらを踏まえて、他の業者や物件とよく比較してください。家賃がいかに安く表示されていても、退去の時に高いお金を差し引かれるのでは実質賃料は高くなります。実際の有効面積や設備なども考慮して判断する必要があります。物件を絞ったら必ず現地を見て、比較してみて下さい。気になる汚れや損傷があるのであれば、これからハウスクリーニングするのかどうかなどを確認しておく必要があります。

　下見をして物件を決めたら、契約条件をよく確認してから契約書（一般的にはガイドラインの賃貸住宅標準契約書（本書52頁以下参照）

が用いられていることが多いのですが、これと異なる内容のものが用いられている場合は、入居者に不利なものに改められているかもしれません）に印をついてください。

　契約条件に納得できない時は契約するのを中止するという決断も必要かもしれません。そのようなとき仲介手数料のことでもめてはいけませんので、宅建業者が間に入っている場合は、まず仲介手数料のこともどの段階でいくら払う必要があるのか、キャンセルしてもどの段階までは払う必要がないのかなどをよく聞いておく必要があるでしょう。

　そして（普通は宅建業者を通じて借りることになりますので）、物件説明を受け重要事項説明書の交付を受けますが、このとき退去する場合の敷金の取り扱い、原状回復の範囲、入居者が負担すべき修理費の範囲・区分などを明確にしておく必要があります。

注意点…②
物件を借りたとき、傷ついたり汚れた箇所がないかを確認し、すぐに業者や家主に確認してもらう

　さあいよいよ敷金・家賃など払って鍵をもらい部屋の引き渡しを受けることになります。ドアを開けて部屋に入りますが、まずよく物件の確認をすることが必要です。問題があればすぐ言わないと、まあいいやと思ってしばらくしてから言っても証明することができず水掛け論になる可能性があります。

　部屋の内外をよく確認して下さい。風呂・湯沸かし・クーラーなども正常に使えるか点検しておきましょう。ガイドラインは入退去時の物件状況及び原状回復確認リスト（183頁参照）の使用を勧めています。これを参考に点検して下さい。もし問題箇所があれば仲介業者や家主に連絡するとともに、写真撮影しておくことも必要です。修理を要する配水管の詰まりなど、機能的なものなどはすぐに適切な対策をとってもらう必要があります。風呂や洗濯場の水回りのひびなどは、しばらくしてから漏水などの問題が発生することもありますから、と

もかくよく観察しましょう。その他にも、夜中の騒音や光線など思いがけない問題点がある場合があります。入居が続けられないような事情があるときには、消費者契約法の定める「契約の取消し」も考えなければなりませんが、期間の制限などがありますので素早く対応して下さい（同法4条、7条等）。

注意点…③
物件を借りている間、最初から記録や写真をとっておこう

　建物や設備・建具などは時間の経過とともに当然に劣化していきます。通常の使用にともなう劣化は、電球の取り替えのようなものを除いて、原則として入居者が負担する必要はありません。仮にそれを超えるような修理区分が契約書に載っていても、社会常識を著しく逸脱するような不当なものであれば、消費者契約法や民法で無効とされる場合もあります。

　また、入居者の故意・過失に当たるような損傷・汚れなどを生じても、入居期間が相当長く傷めた箇所の耐用年数を経過しているような場合には、いずれにしろ家主は取り替えなければならなかったのですから、必ずしも入居者が負担する必要はありません。入居中にそのようなことが起こった場合には、その部分の経過耐用年数をもとに、費用負担をどうするのか、直さずに辛抱する場合にはどうなるのかなどについて、協議するとよいでしょう。

注意点…④
物件を退去するとき、損傷箇所などをよく確認、その程度やその原因を思い出そう

　その傷や汚れは入居の前からあったのか、いつ、なぜできたのか、故意・過失というような常識はずれな使用があったためなのか、よく確認してください。上で述べたように仮に傷んだ箇所があっても、その壁紙やＰタイルなどが既に耐用年数を過ぎていたり、かなり使用されていて残存年数・残存価額は少ないような時は、新たな取り替え費

用の全部を入居者が負担する必要がない場合や、部分的に負担すれば足りることがあります。

　また、退去の際の物件の確認には必ず本人が立ち会って、あとから思いもしない損傷箇所などを言われないようによく確認しましょう。入居者に責任がある場合でも、金額的に見ると全部が入居者負担とは限りません。上に述べた耐用年数の考え方などを参考にして下さい（ガイドライン「Ⅱ　契約の終了に伴う原状回復義務の考え方」、186頁以下参照）。確認書などには、納得してから押印して下さい。写真を撮っておいたり、ホームセンターや建築積算の資料（月刊誌などがある）などで修理費などの妥当性を検証しておくこともお勧めします。

注意点…⑤
紛争が生じたら、どこに相談にいくべきか

　家主の言うことに納得できないときは、市町村の消費生活センターなどに相談するのが手っ取り早いでしょう。間に入って交渉してもらっても埒があかないときは調停や少額訴訟を検討することになります。宅建業者が間に入っているときは宅建業協会に仲介・斡旋を申し立てることもできます。自分で相談や手続をする時間がなかったり、手に負えないと思うときは司法書士や弁護士に依頼することになりますが、あなたの得ようとする利益の金額と専門家に依頼した場合の費用とのバランスも考える必要があります。

　この本は自分でも手続が行えるように工夫して解説してありますが、それでも自信のない方は調停の方がおすすめかもしれません。ただし、調停は互譲ということで妥協を求められる可能性がありますし、少額訴訟や通常訴訟でも事案によっては、判決を求めて争うだけではなく、和解で解決することの方がかなっている場合があります。自分で事案の見通しを立てることが重要です。

コラム 知って得するワンポイント知識

通常移行はこわくない

　少額訴訟を申し立てた場合でも、被告が通常の訴訟手続を希望する旨の陳述（答弁書などにそのことを書いたり、第1回期日でそのことを発言すること）をしたり、裁判官が事件の内容などから通常訴訟で行うのが適切と判断した場合には、通常の訴訟手続に移ります。このことを通常移行といいます。

　専門家に頼まず本人訴訟でやっているからといって、通常移行することをそんなにこわがる必要はありません。もともと双方が立証を尽くさなければならない程度は、少額訴訟だろうが通常訴訟だろうが同じはずだからです。

　少額訴訟は1日で解決するのが原則です。その日に少額判決なり和解なり結論がでるはずです。通常移行すると何回か期日を重ねることになるかも知れませんが、その代わり、より充実した証拠調べができることになります。少額訴訟ではその日に取り調べることができる証拠しか出せません。その日に、証人を同行できなかったり、大事な証拠書類をまだ入手できていなかったり、官庁などから照会の回答がきていないときは困ることがあります。ですから、被告の立場としては、今いったような準備不足などがあるときには、通常移行することを検討する必要があります。

　原告には通常移行をいう権利はありません。それはあえて自分がその手続を選んだからでしょう。でも実際には、準備不足のまま少額訴訟を選択している人も見受けられます。被告や裁判官に通常移行を打診することはできるでしょうが、そのまま進行した場合、通常訴訟の手続であれば調べられたであろう証人の証言がえられないため不利な和解をのんだり、請求棄却（原告敗訴）になることもあります。そんなケースでは、被告としては少額訴訟だったから助かったということになります。

　もっとも、原告が敗訴したからといってそれで完結したわけではありません（和解した場合は完結したことになり、もはや二度と争えません）。

　少額訴訟に対しては、異議を申し立てることができ、異議審（コラム異議審はこわくない参照）でもう一度裁判官に判断してもらうことができます。その際には証人等を呼び出してもらうなど証拠調べの方法は通常訴訟と同じになりますから、充分立証を尽くす機会はあります。

第3部

敷金トラブル解決法

手続編

知っていれば こわくない

裁判はむずかしいと考えているあなたに、各手続のメリットとデメリットを紹介します。あなたのトラブル解決のためにどれを選択したらよいかを一緒に考えましょう。

Step-1 どの手続を使えばよいかを理解する

　さぁ、では実際にどうやって問題を解決するかですが、紛争解決の方法は決して一つではなく、場合に応じて選択しなければなりません。まずはどの手続を利用するか決めることが何より大切です。ここに紹介する各手続は、ちゃんと理解しようと思ったらそれだけで本一冊できるぐらいのものばかりです。ですので、裁判所の紛争解決手続について「いままでお世話になったことないからよくわかんないんだよねぇ……」っていう人のために、手続選択の指針を説明することに専念しています。また本書の読者の場合、少額訴訟手続を選択するケースが多いことを想定して、少額訴訟手続を特に詳しく説明しました。なお本文中にある（法368条）という記載は民事訴訟法第368条を指し、（規222条）という記載は民事訴訟規則第222条という意味です。

選択1　民事訴訟（通常訴訟）

　誤解をおそれずに言いますと、法律に従って当事者同士の争いに白黒をつける制度です。これが裁判所の判決です。

　法律に従ってと申しましたが、みなさんは裁判所に、まずどんな事実があったのかを明らかにする必要があります。賃貸借契約があったことや、敷金を支払ったことなどです。これに対して裁判所が、その事実が本当にあったのかどうか判断し、これに対して法律を適用して判決を下すという手続になっています。

　この判決に不服がある場合は、上級裁判所の判断を仰ぐことができます。これを控訴といいます。控訴審判決においてさらに不服がある場合は、さらに上級裁判所に判断を仰ぐことができます。これを上告といいます。ただし、上告審では、原則として法律の適用に関する問題しか扱わないことになっています。

　また、民事訴訟で勝訴したからといって、すぐに支払を受けることができるわけではありません。相手方が自発的に支払ってくれればい

いのですが、払ってくれない場合、強制執行をしなければなりません。強制執行といっても、裁判所が自動的にしてくれるものではなくて、あなたが強制執行の申立てをして、執行費用を払って、数ヶ月後にどうにか回収できる場合もあれば、回収できない場合もあります。

ですから、法律家のみなさんも、時間と労力のかかる強制執行ということにならなくて済むようにいろいろ工夫をするわけです。以下に通常訴訟以外の手続を紹介しますが、手間をかけずにいかに相手から回収するか、という観点でメリット・デメリットを見極めて手続選択をしていただきたいと思います。

選択2　少額訴訟

少額訴訟は本来は民事訴訟の特則的なものですが、敷金返還訴訟において、利用する場面が一番多いかもしれません。

みなさんは訴訟ってどんなイメージをお持ちですか？　難しくて頭が痛くなる、時間がかかる、お金がかかる……、本来、こうであってはいけないのですが、あながち的外れではありません。通常訴訟は法律家に依頼するとお金がかかるし、自分でやろうとしたら手続説明の本なんかやたらめったら難しいし、実際に訴訟が始まったら、終わるまで何年もかかることがあります。一般市民にとって、こんな制度は使いにくいったらありゃしません。

そこで、従来の通常訴訟の欠点を克服して、一般市民のみなさんに利用してもらいやすい手続を考案しようということでできたのがこの少額訴訟です。

まず、「難しくて頭が痛く」ならないために、簡易裁判所で手続の説明を書いた書面をもらえることになっていたり、裁判官が裁判の日の最初に手続の重要なことを説明してくれることになっています（規222条）。

また、訴状をまともに作るのはそう簡単なことではなく、一般市民の裁判離れの元凶になっていました。そこで近年では、トラブルの類型ごとに訴状の用紙が裁判所に用意してあり、これを利用することに

よって、訴状作成の負担が減ります。

　そして、短時間でトラブルを解決するため、少額訴訟では一日で裁判を終えることになっています。これを一期日審理といいます（法370条1項）。通常訴訟では何ヶ月もかかるところが、一日で裁判が終わるわけです。といっても、申立てから裁判の日〔裁判の日のことを期日といいます〕までは1ヶ月ぐらいかかりますので、純粋に1日だけで終わるわけではありません。

　通常訴訟では成しえない「一期日審理」を実現するためには、それなりの犠牲を払わなければなりません。つまり、裁判が複雑化するのを防ぐ意味で「反訴」をすることができなかったり（法369条）、お互いの言い分（攻撃防御方法といいます）を期日までに全て提出しておかなければいけなかったり（法370条2項）、証拠についても、当日検討できるものしか認められなかったり（法371条）、また簡易な審理ですので60万円以下の金銭の支払いに関するトラブルしか対象としてなかったり（法368条1項）、といった制約があります。また、一部の業者にこの手続を独占されないようにするため同一の簡易裁判所では年間に10回までしか利用できないという、回数制限があります（法368条1項ただし書き・規223条）。

　ということは、少額訴訟は簡易迅速というメリットもあれば、簡易迅速だからこそ生じるデメリットもあるわけで、60万円以下の金銭の請求であればナンデモカンデモこれを利用すればよいというわけではないのです。上に挙げたように、攻撃・防御方法や証拠調べに制約があるので、証拠があいまいな訴訟、例えば賃貸借契約書がないため契約に至った事情を長い時間をかけて調べてもらわないと勝ちっこないような訴訟には不向きなように思います。通常訴訟でじっくりやった方がいい場合があるということです。被告になった側にとっても同じことが言えて、「こんな複雑な問題を勝手に少額訴訟でやられたら不利になっちゃう！」という場合もありえます。そこで、被告は一定の時期（第一回期日が始まるときまでと考えてください）までに「通常訴訟で審理してください」ということができます（法373条1項）。こ

Step-1　どの手続を使えばよいかを理解する

れを「通常（手続）移行の申立て」といいます。この申立ては時期を逃すとできなくなってしまいますので、注意が必要です。

　少額訴訟では、和解で終わる事件も少なくありません。和解については後ほど説明しますが、仮に和解で終わらず判決までこぎつけたとしてください。判決の内容が自分にとって有利なものであればそれでいいのですが、不利なものであれば、判決書をもらった日から2週間以内に異議を申し立てることができます（法378条1項）。異議を申し立てると、判決が出た直前の状態から通常訴訟としてもう一度審理されます（法379条）。異議を申し立てるということは、少額訴訟の簡易な審理に不服で、通常訴訟での本格的な審理を求めるということであり、しかもほとんどの場合は同じ裁判官が担当しますので、呼び出して欲しい証人がいたり、少額訴訟では提出できなかったよっぽど大事な証拠があったような場合でないと、異議を申し立てる意味はないかも知れません。なお、最初に通常訴訟に移行した場合と違って、迅速を旨とする少額訴訟手続に既に乗っているので、異議後の判決についてはもう控訴できません（法380条）。

　最後にお金がかかるかどうかですが、手続費用は、郵便切手代数千円を別にしても、印紙代は、訴額が10万円までが1,000円、60万円でも6,000円といった感じです（印紙代自体は、通常訴訟と同額です。なお、後述の調停と支払督促はその半額、即決和解は2,000円ポッキリとなっています）。結局、法律家に依頼するかどうかが問題だと思います。少額訴訟の説明を読まれて、いかがでしたか。

　実際、やったことのない手続を一人でするのは非常にエネルギーのいることですが、本書を手にとって、こんなとこまでしっかりとお読みになってるあなたなら、やってできないことはないはずです。簡易裁判所での扱いとなっておりますので、とりあえず最寄の簡易裁判所に足を運んでみてください。

選択3　民事調停

　民事訴訟は理屈を詰めて白黒をつける手続ですが、調停は調停委員

さんに間に入ってもらって、お互いが譲れるところで結論を導き出す手続です。白黒がつかない場合や白黒をつけるほど費用や労力を割くのを避けたいような場合に、あるいは、白黒をつけたくない場合などに利用する手続です。

　もちろん、裁判所の手続ですので、根底には難解な部分もあるでしょうけれども、調停委員さんが間に入ってくれますので、全く知識がなくても心配いりません。ただし、譲り合いの精神がなければ調停が成立しないことは言うまでもありません。

　民事訴訟では、判決どおりに相手方がお金を払ってくれなくて、強制執行に至った話もよくありますが、調停は、相手方も一度は納得した結論ですから、ちゃんと決まったとおりの支払をしてくれる可能性が高いというメリットがあります。ただ、相手方が調停に来なくて、すぐに不調に終わる場合もあります。

選択4　裁判所でする和解

　和解は民事調停と似ていて、白黒をつけるということよりも、お互いの落としどころを見つけることに焦点があたっています。裁判所でする和解には、起訴前の和解（即決和解・法275条）と起訴後の和解（法89条）があります。

　起訴前の和解は、訴訟になる前にあらかじめ当事者同士で折り合いがついた事柄を和解調書の形にする手続です。和解調書にするとどういうメリットがあるかというと、和解は判決と同じ効力を持つので、和解調書の記載をもとに強制執行をすることができるようになるし、同じ問題について民事上では二度と裁判所で争えないことになるのです。

　公正証書もおなじような意味を持つ制度ですが、内容がちょっと違います。どう違うかは、公正証書の項（選択6）を見てください。

　起訴後の和解は、通常訴訟や少額訴訟を起こすと裁判官に和解を促されることがありますが、このときに和解を受け入れると和解調書が作成され、これが判決と同じ効力をもつことになります。この手続の

メリットに関しては、調停が成立した場合とほぼ同じでしょう。ですので、無理に判決を目指すより、和解による柔軟な解決をしたほうがいいことも多々あります。

選択5　支払督促

　あなたに代わって裁判所書記官に払いなさいと言ってもらう手続です。とはいっても申立人の言い分のみを聞いて手続をするため、督促を受けた方は異議の申立てができます。異議の申立てがなければ、(「仮に」という制限付ですが)強制執行ができます。異議の申立てがあれば、通常の民事訴訟に移行します。

　つまり、督促される側としては、強制執行されるか民事訴訟に巻き込まれるかの選択を迫られることになるわけです。訴訟なんて難儀やなぁ、払おかなあ……となればしめたもの。ただし、この手続は相手方の住所地の裁判所でしか行うことができません。

選択6　公正証書（強制執行に服する旨の陳述が記載されているもの）

　当事者同士で話し合いができていて、この約束をキチンと守ってもらうためにダメ押しする場合や、遺言・認知などを正式なものとして残して置きたいときに利用します。公正証書でどうしてダメ押しになるかというと、公正証書に債務者の「強制執行に服する旨の陳述」が記載されていれば、その公正証書をもってすぐに強制執行の手続に入ることができるので、債務者としては、「約束守ります！　守らなかったらなんでも持っていってください！」とカブトを脱ぐような感じになるからです。

　ちなみに公正証書では、一般的に金銭以外のものの給付などが対象となっている場合、強制執行はできません。この場合は先に述べた起訴前和解を利用することになります。起訴前和解には、対象が一般に金銭でないといけないなんていう制限はありません。契約を確固としたものにする意味では公正証書は意味がありますが、強制執行を目的とする場合はご注意ください。

Step-2 強制執行の手続を理解する 敷金返還の判決だけでは絵に描いたもち？

1　訴訟と強制執行とは別の手続

　入居者が少額訴訟または通常の訴訟を行い、敷金を返還してもらえるという内容の判決をもらったが、家主が判決に従って任意に敷金の返還をしてくれないという場合があります。このような場合には、入居者は強制執行という手続によって強制的に家主からお金を取り立てることになります。これは、少額訴訟・通常訴訟で和解が成立した場合または調停の手続で調停が成立した場合に、家主がその和解または調停で定められた敷金の返還をしてくれないというケースでも同じです。

　この強制執行の手続は訴訟や調停とは別の手続となりますので、敷金の返還を求める入居者の方で新たに手続の申立てをする必要があり、訴訟や調停をした裁判所が引き続いて自動的に手続をしてくれるものではありません。また、強制執行の手続では家主の財産を差し押さえるということになりますので、家主がどのような財産を持っているのか、またその財産がどこにあるのかということがわからなければ手続を進めることができないのですが、この財産の調査についても入居者の方で行わなければならず、訴訟や調停をした裁判所が手続をしてくれるわけではありません。なお、相手方の財産を知るために財産開示手続（民事執行法196条以下）の手続を採ることができます。

　このように、せっかく判決で勝っても家主が任意に敷金の返還をしてくれない場合には、入居者の方で家主の財産の調査をした上で強制執行という新たな手続を申し立てなければなりません。しかも、この強制執行の手続については、訴訟よりも費用や労力がかかるという場合も少なくありません。その意味では、判決で白黒をはっきりとつけるよりも、可能であれば和解で円満に解決して、家主から任意に敷金

を返還してもらう方が結果的にはいいのかもしれません。

2 強制執行の手続の種類

　強制執行の手続は、執行の対象となる財産によっていくつかの種類がありますが、代表的なものとして、①不動産執行（土地・建物等の不動産を強制競売により売却して、その売却代金から配当を受けることにより回収する手続）、②債権執行（銀行預金等の金銭の支払いを目的とする債権を差し押さえて、その債権の取り立てをすることにより回収する手続）、③動産執行（家財道具等の動産を差し押さえて売却し、その売却代金から配当を受けることにより回収する手続）の3つの手続があげられます。

　不動産執行は、対象となる土地や建物の価格が高額であり、手続に必要な費用も相当かかるため、通常は請求額が少額である敷金の返還請求事件における強制執行手続には向いていません。

　また、動産執行については、貴金属のような高価な動産を見つけ出して差し押さえることは困難である上に、冷蔵庫や洗濯機のような生活必需品については差押禁止動産とされているため、差し押さえるべき動産がないという場合も結構あります。そして、差押禁止動産以外の家財道具等を差し押さえることができた場合でも、中古の家財道具などはほとんど価値がないために売却が難しく、売却することができても手続に必要な費用にも満たないという場合が少なくありません。そのため、動産執行は現実にはあまり実効性がないといえます。

　そこで一般的には、敷金の返還請求事件における強制執行の手続としては債権執行がもっとも適切かつ有効な手続といえるでしょう。この債権執行では、金銭の支払いを目的とする債権（敷金返還請求事件の場合であれば、家主が第三者に対して一定の金銭の支払いを請求することができる債権）を差し押さえることになるのですが、通常、このような債権の存在を知ることは困難とされています。しかし、敷金返還請求事件の場合には、家主に対する賃料の支払いが銀行振込になっている場合が多く、その場合には入居者もこの賃料の振込先になっ

ている家主名義の銀行預金の存在を知っているため、入居者の方で特に調査をしなくても容易にその銀行預金に対する債権執行の申立てをすることが可能となります。この銀行預金に対する債権執行では、敷金の返還請求をする入居者（訴訟における原告）が「債権者」、家主（訴訟における被告）が「債務者」、銀行が「第三債務者」というように呼ばれることになります。

Step-3 少額訴訟債権執行手続を理解する

　敷金返還請求の訴訟は、原告となる入居者の住所地にある簡易裁判所に提起することができます。ところが、債権執行の手続の管轄裁判所は、原則として家主（債権執行の手続では債務者と呼ばれます）の住所地にある地方裁判所とされています。そのため、A市に住んでいる入居者がB市に住んでいる家主に対して敷金返還の請求をするケースで、入居者の住所地のA市にある簡易裁判所に少額訴訟を提起して勝訴判決を得た場合でも、その判決による債権執行の手続については、少額訴訟をしたA市にある簡易裁判所ではなくて、家主の住所地のB市にある地方裁判所に対して申立てをしなければならないのが原則となります。しかし、これでは一般市民が請求額に見合った経済的負担で迅速かつ効果的な解決を求めることができるようにするという少額訴訟手続の目的を十分に果たすことができません。そこで、2004（平成16年）の法改正（民事関係手続の改善のための民事訴訟法等の一部を改正する法律）により、少額訴訟の判決による債権執行（金銭債権に対する強制執行）については、特別に、その少額訴訟をした簡易裁判所の書記官において行うことが可能となりました（改正民事執行法167条の2以下）。

　この改正法は2005（平成17年）4月1日から施行されていますので、今後は少額訴訟が強制執行の面においても一般市民にとってより利用しやすいものになることが期待できます。次頁の資料は東京簡易裁判所で利用されている銀行預金に対する債権執行の定型書式です。

少額訴訟債権執行申立書

東京簡易裁判所　裁判所書記官　殿

> 収入印紙
> 4,000円

平成　年　月　日

　　　　申立債権者　　　　　　　　　㊞

　　　　　　電　話　　―　　―
　　　　　　ＦＡＸ　　―　　―

　　　当 事 者 ┐
　　　請求債権 ├　別紙目録記載のとおり
　　　差押債権 ┘

　債権者は，債務者に対し，別紙請求債権目録記録の少額訴訟に係る債務名義の正本に表示された請求債権を有しているが，債務者がその支払をしないので，債務者が第三債務者に対して有する別紙差押債権目録記載の債権の差押処分を求める。
　□　陳述催告の申立て（民事執行法第167条の14，同法第147条1項）

添付書類
1　少額訴訟に係る債務名義の正本　　　　通
2　同送達証明書　　　　　　　　　　　　通
3　資格証明書　　　　　　　　　　　　　通

（注）該当する事項の□にレを付する。

当 事 者 目 録

〒　　－

　　　　　都道
　　　　　府県
---------- --

　　　　　　　債　権　者

（送達場所）　□　同上
　　　　　　　□

〒　　－

　　　　　都道
　　　　　府県
---------- --

　　　　　　　債　務　者

〒　　－

　　　　　都道
　　　　　府県
---------- --

　　　　　　　第三債務者

（送達場所）　□　同上
　　　　　　　□

（注）該当する事項の□にレを付する。

少額訴訟債権執行申立書

請　求　債　権　目　録

　　　簡易裁判所　平成　　年（少　　）第　　　　号事件の
　　　□　少額訴訟における確定判決
　　　□　仮執行宣言付少額訴訟判決　　　　　　　　　　　　　正本に表示された
　　　□　執行力のある少額訴訟における和解調書
　　　□　執行力のある少額訴訟における和解に代わる決定
　　　□

下記金員及び執行費用

（1）　元　金　　　　　　金　　　　　　　　　円
　　　□　主文第　　項　の金員（□内金　□残金）
　　　□　和解条項第　　項　の金員（□内金　□残金）
　　　□

（2）　損　害　金　　　　　金　　　　　　　　円
　　　□　上記(1)に対する，平成　年　月　　日から平成　年　月　　日
　　　　　まで　　　　　　　の割合による金員
　　　□　上記(1)の内金　　　　　　　円に対する，平成　年　月　　日
　　　　　から平成　年　月　　日まで　　　　　　　の割合による金員
　　　□

（3）　執行費用　　　　　　金　　　　　　　　円
　　　（内訳）本申立手数料　　　　　金　　　　　　円
　　　　　　　本申立書作成及び提出費用　金　1,000円
　　　　　　　差押処分正本送達費用　　金　　　　　　円
　　　　　　　資格証明書交付手数料　　金　　　　　　円
　　　　　　　送達証明書申請手数料　　金　　　　　　円
　　　　　　　執行文付与申立手数料　　金　　　　　　円

　　　合　　計　金　　　　　　　　　　円

□　弁済期平成　年　月　　日　　□　最終弁済期平成　年　月　　日
□　なお，債務者は，　　　　　　　　　　　　　　　　　に支払うべき
　　金員の支払を怠り，平成　年　月　　日の経過により期限の利益を喪失した。
□　なお，債務者は，　　　　　　　　　　　　　　　　　に支払うべき
　　金員の支払を怠り，その額が金　　　　　　円に達したので，平成　年
　　　　月　　日の経過により期限の利益を喪失した。
□
（注）該当する事項の□にレを付する。

差押債権目録

金　　　　　　円

　債務者が第三債務者株式会社　　　　銀行（　　　　支店扱い）に対して有する下記預金債権のうち，下記に記載する順序に従い，頭書金額に満つるまで。

記

1　差押えのない預金と差押えのある預金があるときは，次の順序による。
　(1)　先行の差押え，仮差押えのないもの
　(2)　先行の差押え，仮差押えのあるもの
2　円貨建預金と外貨建預金があるときは，次の順序による。
　(1)　円貨建預金
　(2)　外貨建預金（差押処分が第三債務者に送達された時点における第三債務者の電信買相場により換算した金額（外貨）。ただし先物為替予約があるときは，原則として予約された相場により換算する）。
3　数種の預金があるときは，次の順序による。
　(1)　定期預金
　(2)　定期積金
　(3)　通知預金
　(4)　貯蓄預金
　(5)　納税準備預金
　(6)　普通預金
　(7)　別段預金
　(8)　当座預金
4　同種の預金が数口あるときは，口座番号の若い順序による。
　　なお，口座番号が同一の預金が数口あるときは，預金に付せられた番号の若い順序による。

コラム 知って得するワンポイント知識

異議審はこわくない

　実際の少額訴訟では、異議審（少額訴訟判決に異議を申し立て再度審理してもらう手続き）まで進むことはめったにありません。それは、多くの事件は和解で解決するため、少額訴訟判決に至るまでのものが少ないことに原因があるのでしょうが、中には証人を呼んでもらったり、官庁に調査の嘱託をしてくれたら事実が明らかになったのに、というような不満をもったまま、何度も裁判所に行くのはいやだというような理由で異議を申し立てず、そのままになってしまうというような方もおられるかも知れません。

　しかし、簡易裁判所で扱う事件は普通何年もかかるような複雑困難なものではなく、数回の期日で終了するものがほとんどです。ですから、異議審になったからといってその程度の負担（といっても、何回か裁判所に行くことになったり、証拠書類を探したり、証人に迷惑をかけ、自分も質問をしたりしなくてはいけません）ですみますので、立証が不十分で敗訴したような場合には、異議を申し立て、もう一度取り組む値打ちは充分あるわけです。

　交通事故（不法行為に基づく損害賠償請求）などの裁判では、立証責任が基本的には原告にありますので、充分立証ができていないと真実は自分がいくら正しくても勝てるとは限りません。

　裁判官は神様ではありませんので、証拠も出さずなにもしない人を勝たすことはできないのです。自分のことは自分でするというのが市民社会の基本でしょう。何もせず、お上がすることにまかせるというようなことは通用しません。

　むしろ大切なことをどう相手に伝えるかというコミュニケーションのとり方を学ぶ場ととらえて、原告・被告が問題点を話し合って詰めて、問題点を共通認識したうえで和解なり判決を求めてください。もし、自分たちでトラブルの原因を認識しあえて、解決策も自分たちで模索し見出すことができ、双方が満足しあって帰ることができるなら、裁判所も大いに役立ったことになります。金銭面だけではなく、できれば気持ちの上でも満足できるような解決をしたいものです。

第4部

敷金トラブル解決法

理論編

もっと詳しく法律問題を理解する

敷金トラブルでの最大の争点は、原状回復義務、特約の問題、更新に関する問題の3つです。この3つを理解していれば、裁判はこわくない。

敷金

原状回復義務

特約

更新料

Step-1 敷金をめぐるトラブル

1 何が問題か

　敷金問題には様々なものがありますが、最近特に問題となっているのは、以下に挙げるような原状回復義務と特約の問題の2つです。

(1) 家主と入居者の「原状回復」に対する認識の違い

　家主と入居者との間での「原状回復」に対する認識の違いが敷金問題の紛争の火種となって現れてくることが比較的多いようです。
　すなわち、家主は、入居時の状態に戻すことこそが「原状回復」と考え、他方、入居者は、入居時の状態から通常使用した場合に想定される経年変化を差し引いた状態に戻すことが「原状回復」と考えていることが比較的多いようです。
　家主がこのような「原状回復」の理解に基づいて、入居者に対し、物件を入居時の状態に戻すよう求め、その結果として、予め預っている敷金から「原状回復費用」名目でリフォーム代等を差し引く事例がたいへん多く見受けられます。

(2) 費用負担の特約の存在

　最近では、家主が一方的に「原状回復費用を入居者の負担とする」旨の特約を設けており、このような特約が入居者にとって大変不利になる場合が比較的多く、これも紛争の原因となっているようです。

2 判例・ガイドライン等の動向

(1) 賃貸借契約における原状回復義務

　かつては、原状回復義務についてのガイドライン等の規定がなかったため、それまでに積み上げられた裁判例を基に判断するしかありませんでしたが、ガイドラインや消費者契約法の制定により、それまでに積み上げられた裁判例だけではなく、ガイドラインや消費者契約法

の趣旨に照らして、判断するようになっています。

特に、大阪高裁平成16年12月17日判決（第5部判例3）では通常損耗をこえる原状回復義務が当然に入居者の義務とはならない根拠をはっきりと示しています。

そもそも、民法によれば、家主は、賃貸物件を入居者に使用・収益させる対価として、賃料を受け取っているのであり、その使用・収益させる義務の一環として、家主は、通常の修繕義務を負うとされています（民法606条1項参照）。

言い換えれば、家主は、入居者に対し、契約に沿った形で使用・収益をさせる義務を負うことの裏返しとして、修繕義務を負うことになるともいえます。

このような考え方からすれば、退去時に入居者の故意・過失によって借家の備品等を毀損させた場合はともかく（この場合は債務不履行・不法行為の問題となるに過ぎない）、少なくとも自然損耗・通常損耗による費用を入居者が負担すべきいわれはないでしょう。

最近出されている判例も、この考え方を十分に踏まえた上で、自然損耗・通常損耗に伴う費用が家主の負担となるべきことを示しています。

(2) 例外としての特約
ア　特約の存在

私法上の法律関係においては、私的自治の原則が妥当することから、法律の条文とは異なった契約を結ぶことも基本的には自由です。

したがって、「修繕費を入居者の負担とする」旨の特約を設けることによって、法の予定する賃貸借関係の原則を修正することは、基本的に差し支えないでしょう。

もっとも、特約はあくまでも当事者である家主と入居者の合意が前提となるので、特に入居者にとって不利益な内容の特約については、入居者がその特約の意味を十分に認識した上で、自己の自由な意思により、その特約に服する旨の意思表示が求められることはいうまでも

ありません（国土交通省ガイドラインに同旨）。東京都のガイドラインでも、家主と入居者との立場に格差があることを考慮して、家主の入居者に対する説明義務を重要視しています。

ところで、特約の存在についての立証責任は家主側にあり、あくまでもその特約につき入居者に十分な認識があったことが前提となります。

すなわち、家主は、①特約の存在、②特約についての説明及びその説明に対する入居者の認識、③特約に対する合意を立証しなければならず、これらの立証が十分に尽くされていないと判断された場合には、特約の有効性（内容）を検討するまでもなく、家主の言い分（特約の主張）は通らないこととなります。

実際に最近の判例でも、家主が入居者に対し、十分な説明を行っていなかったことを理由として、特約の成立を認めていないものがあります（第5部判例4ほか；但し、事実認定の仕方によって、特約の成否の判断が分かれる）。

イ　特約の有効性

仮に特約の存在が認められるにしても、あくまでも例外として「特約」を設ける以上、例外として認められるだけの「合理的な理由」が自然と求められてくるのはいうまでもありません。

それでは、その「合理的な理由」はどのようにして決まるのでしょうか。

先ほど述べたとおり、家賃の中に通常の自然損耗分が含まれていること、そして、家賃が使用・収益の対価となっていることから、修繕費は家主が負担するという考え方が前提となっている以上、家賃が相場に比べて著しく低廉であること等が「合理的な理由」として、挙げられるでしょう。

例えば、家賃を低廉にして入居しやすくする代わりに、修繕費や自然損耗分を入居者の負担とする特約を締結させることは、決して不公平とはいえないでしょう。

逆に、家賃が低廉でないのにも拘わらず、自然損耗分を「原状回復費用」名目で、あるいは、別に「修繕費用」名目で、敷金から差し引くのは、問題があるということになるでしょう。

国土交通省ガイドラインでも、その要件として、特約の必要性・合理性を要求しています。

もちろん、特約の有効性の判断は、個別具体的な事情に基づいて行われますから、一概にどのような場合に「合理性」があるということはできません。たとえば、事務所や店舗、工場として使用する場合などのように、特殊な利用を前提とする契約であれば、通常とは異なる入居者の負担について特約を結ぶことも合理的だといえるでしょう。

3 特約の有効性が問題となった場合の解釈

(1) 消費者契約法施行前の契約

消費者契約法施行前の契約については、以上挙げたような特約の必要性・合理性が欠けていると認められる場合には、公序良俗に反することにより無効（民法90条）とする判例が最近出ています（第5部判例5-3参照）。

(2) 消費者契約法施行後の契約

消費者契約法の適用を受けるものと考えられるのは、最初の契約が消費者契約法施行後である場合と更新後の契約が消費者契約法施行後にかかる場合の2つです。

この場合、原状回復に関する規定が消費者（入居者が消費者であることが前提）にとって著しく不当な事項であると判断されれば、消費者契約法10条により無効となることでしょう（第5部判例7参照）。

4 敷引との関連

関西（特に大阪・神戸）では、退去時の清算の煩わしさから、入居時に予め敷金のうちの一定額を返さないこととする特約を締結することがあります（いわゆる敷引）。

敷引の解釈の仕方も様々ありますが、敷引自体、明文で定められておらず、一義的に決められないことから、様々な要素を有するものが渾然一体となったものと解するのが多数説のようです。
　かつては、敷引が慣習であることから、敷引条項自体を無効とする判例は見かけなかったのですが、最近では、消費者契約法の制定も影響してか、敷引条項のうち、一定部分（入居者にとって特に不当だと思われる部分）のみ無効とする判例（大阪地裁平成17年4月20日判決等）や敷引条項自体を無効とする判例（第5部判例6及び堺簡裁平成17年2月17日判決等）も現れ、家主が入居者に対し、合理性の乏しい敷引特約を一方的に押し付けて締結させること自体に疑問の声があがってきています。

Step-2　特優賃をめぐるトラブル

1　「特優賃」とは？

　「特優賃」とは特定優良賃貸住宅の略称であり、特定優良賃貸住宅制度を活用して建設された賃貸住宅のことを指します。この制度は「特定優良賃貸住宅の供給の促進に関する法律」（平成5年7月30日施行）に基づくもので、主に中堅所得者向けファミリータイプの賃貸住宅の供給促進を図ることを目的としています。特定優良賃貸住宅制度の具体的な内容は、民間の土地所有者等が一定の条件を満たした優良な住宅を建設し、これに対して国・地方公共団体が建設費の一部と入居者の家賃負担の一部を補助するというものとなっています。

2　特優賃は「公的住宅」

　特優賃は、地方住宅供給公社が建設したり、民間の土地所有者等が建設したものを地方住宅供給公社が一括して借り上げて管理したりしているものが多いとされています。
　なお、地方住宅供給公社は、居住環境の良好な住宅等を供給するこ

とにより住民の生活の安定と社会福祉の増進に寄与することを目的として、地方公共団体の出資により設立された特別法人です。また、特優賃については建設費や家賃の一部について公的な補助があります。このように、公的機関である地方住宅供給公社が管理等をしている上に、公的な補助も受けているという意味で、特優賃は県営住宅や市営住宅と同様の「公的住宅」といえるでしょう。

3　特優賃の契約内容は安心できる？

　特優賃は、公的機関である地方住宅供給公社が建設・管理しているという信用・安心がある上に、住宅の設備がととのった優良な住宅であり、家賃の一部の補助も受けられるということもあって、人気のある物件については入居者を抽選で決めるというケースもあるようです。では、特優賃が地方住宅供給公社の管理する公的住宅であるからといって、その賃貸借契約の内容についてもまったく問題がなくて「安心」といえるのでしょうか。実は、特優賃の中にはその契約内容について思わぬ「落とし穴」があるものも存在します。

　それは、契約書の中の原状回復義務の範囲に関する部分で、特優賃の契約書の中には、一般の民間住宅の契約書と比較しても、入居者にとって不利な内容となっているものがあるのです。具体的には、原状回復義務の範囲について「修繕費負担区分表」等で詳細に規定されており、その規定によれば「自然損耗」「通常損耗」によるものまで入居者が修繕費を負担しなければならないという内容となっているのです。自然損耗とは建物や設備の自然的な劣化・損耗等（経年変化）のことで、通常損耗とは入居者の通常の使用により生ずる損耗等のことですが、この自然・通常損耗分の修繕費については原則として家主が負担すべきであり、入居者の原状回復義務の範囲には含まれないと考えられています（詳しくは本書122頁以下を参照）。

　ところが特優賃の中には、契約書にこの自然・通常損耗分まで入居者の原状回復義務の範囲に含めて、本来であれば家主が負担すべき自然・通常損耗分の修繕費を入居者に負担させるという規定がおかれて

いるケースがあるのです。このように、特優賃の中には入居者にとって不利な契約内容となっているものもありますので、地方住宅供給公社の管理する公的住宅であるからといって安心して契約書の内容を十分に確認していないと、退去時に予想以上の高額な修繕費を請求され、それが敷金から差し引かれてしまい、返還を受けることができる敷金の額が少なくなるという「落とし穴」にはまってしまう可能性があります。公的住宅であっても、やはり契約時には契約書の内容について説明をよく聞き、その内容を十分に理解しておく必要があります。

4 修繕費負担に関する特約は無効？

　最近、特優賃の契約の中で自然・通常損耗分の修繕費を入居者に負担させるという特約（修繕費負担特約）の効力が裁判で争われるケースが増えてきています。

　特優賃の契約では通常賃料の3ヶ月分の敷金が差し入れられており、明渡完了後にその全額が入居者に返還されることになっているのですが、この修繕費負担特約に基づいて自然・通常損耗分の修繕費が敷金から差し引かれたために、敷金の全額の返還を受けることができなかったというケースで、入居者が敷金全額の返還を求めて訴訟を提起し、その訴訟の中で修繕費負担特約の効力が問題となっているのです。そしてこのような裁判で、修繕費負担特約について「公序良俗に反し無効である」と判断されたり、「特約の合意は成立していない」と判断されたりして、入居者側が勝訴する例も出てきています。

　通常の民間の賃貸借契約についても、修繕費負担特約の効力が裁判で争いになっているケースがありますが、特優賃の契約については、特定優良賃貸住宅の供給の促進に関する法律施行規則13条で、「賃貸住宅を賃貸する者は、毎月その月分の家賃を受領すること及び家賃の三月分を超えない額の敷金を受領することを除くほか、賃借人から権利金、謝金等の金品を受領し、その他賃借人の不当な負担となることを賃貸の条件としてはならない」と規定されており、修繕費負担特約がこの「不当な負担」に当たるのではないかというような点が裁判に

おける争点になっているという特殊性があります。そして、特優賃についてはこのような規定があるという点も重視されて、裁判で修繕費負担特約の効力を否定する判例が出されています（詳しくは第5部判例5-3を参照）。

　このように、修繕費負担特約の効力を否定する判例がでてきていることからすれば、特優賃の契約で自然・通常損耗分の修繕費が敷金から差し引かれてしまった場合でも、修繕費負担特約の効力を争うことにより敷金から差し引かれた自然・通常損耗分の修繕費を返還してもらえる可能性もありますので、契約書の中に修繕費負担特約があるから仕方がないとあきらめる必要はないということになります。

Step-3　住宅金融公庫融資物件と特優賃を理解する

1　特優賃との関係は

　特優賃と住宅金融公庫融資物件は全く同じというわけではなく、特優賃が住宅金融公庫融資物件とは限りません。ただ、特優賃も住宅金融公庫融資物件も目指す方向が似ているため、これらを規律する法律に類似する部分が出ているに過ぎません。

2　賃貸条件の制限の問題

　住宅金融公庫法施行規則10条1項（賃貸条件の制限）では、「賃貸人は、毎月その月又は翌月分の家賃を受領すること及び家賃の三月分を超えない額の敷金を受領することを除くほか、賃借人から権利金、謝金等の金品を受領し、その他賃借人の不当な負担となることを賃貸の条件としてはならない」と規定しています。

　ところが、家賃の3ヶ月分超過部分の金品の意味を誤って解釈し、あくまで「設備金・設備協力金（特にエアコン等の空調設備に関するもの）」であるから3ヶ月分を超えても違法ではないという認識から、家主の中には、「設備金」、「設備協力金」名目の金員を別に徴収して

いるケースが多く見られます。これは、明らかに本条項の抜け道となっています。

なお、住宅金融公庫法（施行規則）に違反すれば、賃貸条件の違反については、30万円以下の罰金に処せられ（住宅金融公庫法46条1項1号）、融資の引き上げの原因となります。

3　賃貸借契約書の審査

住宅金融公庫は、公共性のある公庫融資を受けて、賃貸物件を建設する家主に対し、住宅金融公庫法を初めとする法令の定めを遵守した賃貸条件の設定を要望すると共に、公庫融資を受けた家主に交付する書面等において、原状回復義務に関するガイドラインを明示し、通常損耗分は減価償却費として、家賃に含まれるという考え方を前提として、入居者の原状回復義務に通常損耗分が含まれないという指導をしています。

そして、住宅金融公庫融資第2部賃貸住宅課長から各支店賃貸住宅担当課長宛平成8年2月19日付事務連絡文書によれば、平成5年3月9日付旧建設省建設経済局長及び住宅局長発各都道府県知事宛通達にある「賃貸住宅標準契約書」に準拠した契約書を用いることを原則としつつ、これを用いない場合には、入居者の原状回復の範囲につき、通常損耗分が含められていないことを確認するものの、通常損耗分の負担につき、当事者の協議による場合は、この限りではない旨の記載があります。

即ち、協議がなければ、原則通り、通常損耗分が家主負担となることはいうまでもありません。

また、1998（平成10年）秋以降に住宅金融公庫の融資を受けた新規融資物件については、住宅金融公庫が賃貸借契約書の内容を審査することになっていますが、通常損耗を家主の負担とする条項がなければ、住宅金融公庫の承認が得られないことになっています。

4　賃貸人が契約終了時に修繕費名目で徴収しようとする場合には？

　建前上、住宅金融公庫では、既述のとおり、賃貸借契約締結段階において賃貸借契約書の通常損耗の負担条項についての審査権限を有している関係で、通常損耗が家主負担となるような指導を行うような運用にはなっていますが、この指導は訓示に止まり、法的拘束力を有していません。また、賃貸借契約書上では、通常損耗の負担者が家主となっていても、別に添付される「区分表」等によって、事実上、通常損耗の負担が入居者に押し付けられているのが実状です。

　もっとも、最近の判例（大阪高裁平成15年11月21日判決等、第5部判例4）によれば、住宅金融公庫法の規定の趣旨に鑑みて、通常損耗負担の特約の成立は、入居者がその趣旨を十分に理解し、自由な意思に基づいてこれに同意したことが積極的に認定されない限り、安易にこれを認めるべきではないと解しています。

　同様の理由により、リフォーム費用の負担も入居者の自由な意思決定によるべきとして、特約によるリフォーム費用の転嫁を厳に戒めています。

　更に言えば、このような負担を入居者に強いることは住宅金融公庫法施行規則10条1項にいう「その他賃借人の不当な負担」にあたり、許されないということにもなるでしょう。

　＊住宅金融公庫は平成19年4月1日に解散し、同日以降は独立行政法人住宅金融支援機構がその業務を承継しており、現在では「機構融資物件」と呼ばれています。

Step-4　更新料をめぐるトラブル

1　更新料って何？

　かつて、阪神地区ではあまり見かけることのなかった「更新料」を最近では目にするようになりました。というのも、更新料は、もともと東京を中心に慣習化したものだからです。

更新料は、地価の上昇にともなう賃料の値上げ交渉の煩わしさを避けるために、「更新のついでにまとめてお金をもらう」という趣旨で入居者に支払わせたり、「『更新を拒絶しないことの見返り』としてのお金をもらう」という趣旨で入居者に支払わせることもあります。

　このように考えると、おそらく疑問を持つ人がいるでしょう。そのような疑問を持った人は大変鋭い人です。なぜなら、地価の上昇というのは、土地バブルまでの話であって、バブル崩壊後の現在に至っては、一部の地域を除けば、だいたいの場所においては、地価が下ってしまったからです。そうすると、更新料を取る根拠の一つは否定されることになります。

　また、借地借家法によると、家主はよほどの事情がない限り、入居者に対し、契約の更新に対する異議を述べることはできないとされています。つまり、借地借家法が入居者を保護するための法律である以上、家主から簡単に追い出されないような法律になっているわけです。借家は入居者にとって生活の拠点であり、なんら問題なく使用している入居者にとって、家主から更新を拒絶されて追い出されることは死活問題でもあります。このような法律のたてまえから考えると、家主から契約を更新しないことの見返りとして、更新料の支払を求められることについても根拠はないといえそうです。

　最近では、消費者契約法という法律が施行されたこともあって、消費者でもある入居者にとって、一方的に不利な条項は無効であるとも考えられるでしょう（現に、このような趣旨に基づいた判決も出ています。第5部判例13-1参照）。

　更新料をめぐるトラブルが起きたら、以上のことを念頭に家主に主張をすればよいでしょう。これから述べることは、やや細かく、多少難しい話にはなりますが、「更新料の根本は何か」という視点から考えてみれば、すぐにわかるようになると思います。

2　そもそも更新料は支払わなければならないものなのか？

　「更新料は支払わなければならないものか」という疑問に対する答

えは、更新料の性質をどのようにとらえるかによって変わってきます。そして、更新料をどのようにとらえるかについては、大きく3つに分けられます。

そのうちの1つ目として、「更新料は合意更新・法定更新を問わず支払わなければならない」とする見解（以下、「更新料肯定説」という；第5部判例14参照）は、おおむね更新料を「家賃の前払」と考えています。

次に2つ目の考え方として挙げられる「更新料は合意更新の場合だけ支払えばよい」とする見解（以下、「更新料否定説」という；第5部判例13-2参照）は、更新料を「家主が更新を拒絶する権利や異議を述べる権利を放棄する見返り（あるいは円満に更新手続を行うための対価）」と考えています。

最後に3つ目の考え方として挙げられる折衷的な見解として、「原則として、更新料は合意更新・法定更新を問わず支払わなければならないが、その更新料を入居者に負担させるのが、信義に反し、不公平な場合に限って、例外的に更新料の支払を否定する」見解（以下、「折衷説」という。第5部判例13-3参照）があります。

3　更新料の不払いの場合には契約を解除されてしまうのか？

「更新料を支払わなかったらどうなるのか」は、たいへん興味深い問題です。これは更新料をどのように考えるかによって比較的はっきりしています。すなわち、更新料肯定説を採れば、「更新料の不払＝賃料の不払」とみなされることから、賃貸借契約の前提となる信頼関係が破壊されたと考える結果、契約の解除原因となり得ると考えることになります（この点は、折衷説も同じ）。他方、更新料否定説を採れば、更新料の支払は賃貸借契約上の「重要な要素」とは考えないため、更新料を支払わなくても解除の原因とはならないと考えることになります。

4　最近の動向

　京都の業者が取り扱っている物件については、「更新料」の規定があるものが比較的多いです。消費者契約法が制定され、「更新料の支払規定」が消費者でもある入居者にとって大変不利な場合には、その規定そのものが否定される可能性があるともいえるでしょう。

　現に、最近では、「更新料の支払規定」を適用することに合理的な根拠がないとした判例（第5部判例13-1参照）もあり、今後「更新料」を支払わなければならないかどうかは、入居者にとって近隣の物件と自分が借りている物件とを比較した上で、特別に不利なものであるかどうかを基準として判断すればよいのではないでしょうか。

　なお、傍論ながら、入居者のみが更新料を負担しなければならない不当な理由を見い出すことはできないとする判例（第5部判例6参照）も最近出ました。

　＊本書の刊行後に、更新料の支払いに関する約定は消費者契約法10条に違反して無効であるとした重要判例が出ましたので、205頁に判例補遺2として掲載しました。

Step-5　家主や入居者が破産した場合、賃貸借契約や敷金はどうなるか

　家主や入居者が破産したり、民事再生・会社更生手続に入ったとき、あるいは借りている建物が競売にかけられたとき、建物の売買などで家主が代わったときなどには、賃貸借契約や賃料・敷金の扱いは一体どうなるのでしょうか。

　上記のような場合には裁判所や破産管財人、競売の落札者や不動産の譲受人といった新たな登場人物が現れるため、様々な利害関係者の利益を調整することがとても重要になります。そのため各種の法律は、それらの各手続の目的を達成しつつ利害関係人の利益を調整するために多くの規定を設けており、賃貸借関係についても特別な扱いが定められています。

特に破産・民事再生・会社更生の手続に関しては、2005（平成17年）1月1日から新破産法（平成16年法律第75号）が施行されたことに伴い、賃貸借契約に関わる扱いも大きな影響を受けることになりました。また民法の改正による短期賃貸借保護制度の廃止（平成15年法第134号）なども、賃貸借契約に大きな影響を与えるものです。

　この項ではこれら最近の法改正をふまえ、入居者の立場から関係の考えられる事項について説明しています。

1　家主の破産・民事再生・会社更生

　家主が破産した場合については、今回の破産法全面改正により大きく扱いが変わることになりました。また民事再生法・会社更生法もこれに合わせ改正が行われたため、従来とは扱いが異なることになりました。

　まず、家主が破産した場合であっても、対抗力ある（登記や占有のある）賃貸借契約は、それにより一方的に解除されることはありません（破産法56条）。その理論的根拠としては通常、対抗要件のある賃借権は物権化しているから財産的保護に値するのだ、と説明されますが、ともあれ、現実に住んでいるマンションや営業している店舗を追い出される心配は無いことになります。

　しかし次に問題になるのは、家主が破産してしまった場合に、入居者としては、すでに預託している敷金が後にきちんと返還されるのだろうかと心配しながらも、契約を続ける限りは賃料を支払いつづけなければならないことです。

　この点については、新破産法70条が、賃料を支払うときは敷金額の限度で破産管財人に対して寄託請求をすることができる（つまり破産した家主に代って預かってもらう）、という制度を明確に定めましたから、この限度で敷金は保護され、後に優先弁済されることになりました。なお、破産管財人が手続途中で不動産を売却（任意売却）したような場合には、このあと後記3で述べる「家主の交代」と同じことになりますから、敷金は新しい建物所有者に当然に引き継がれ、後に

返還されることになります。

　敷金以外に入居者が家主に対する債権を有している場合については、これまでの法律では、家主の破産宣告時における当期および次期の賃料債務に限って（これを受働債権として）入居者の方から相殺することができ、敷金がある場合にはその後の賃料債務についても相殺できるものとされていました（旧破産法103条）。しかし相殺を制限する本条が削除されたため、賃料債務の相殺が広く認められることになりました。このことは特に建設協力金を貸与して店舗を建てる事業者などにとっては、大きな意味のある改正となるのではないでしょうか。

　家主が民事再生や会社更生の手続に入った場合には、敷金以外の債権がある場合については、借主が債権届出期間内に相殺の意思表示をすることで、賃料の6ヶ月分を限度として相殺することができます（民事再生法92条2項・会社更生法48条2項）。また賃料を支払った場合においては、その6ヶ月分に相当する限度で敷金の返還請求権は共益債権として保護を受けるため、この場合についても敷金の保護が図られています（民事再生法92条3項・会社更生法48条3項）。

2　入居者の破産・民事再生・会社更生

　一般に利用されている賃貸借契約書には、『借主が破産・民事再生・会社更生……となった場合には、家主は本契約を直ちに解除できる』といったような項目が記載されていることが多くあります。またこれまで民法621条は、賃借人の破産を、賃貸人又は破産管財人からの解約事由と定めてきました。しかしこれに対しては従来から、賃借人の居住保護の観点や、破産財団の財産権としての賃借権の重要性の観点から強い批判がありました。また判例も、単に入居者が破産したのみで賃料の未払いが生じていないような場合にまで解除を認めることには否定的な態度をとってきました（最判昭和48年10月30日・民集27巻9号1289頁）。

　そこでこの度、民法621条が削除され（平成16年法第76号）、入居者の破産を理由とした家主からの解約申し入れは認められないことが明

確にされました。

　なお、民事再生や会社更生については、改正前の民法621条に該当する規定はもともと存在しませんでした。したがって、入居者にこれらの手続きが開始されたことを理由とする解約については、破産の場合と同様に認められないといえます。つまり、賃料をきちんと払っていれば、入居者が破産しても追い出されることはありません。

3　家主の交代

　建物の売買や相続などによって家主が交代したときは、入居者が居住もしくは占有さえしていれば、契約や敷金は当然に新しい家主に引き継がれます。したがって何ら手続を経なくても、退去時には新しい家主から（未払い賃料などを控除した残額としての）敷金の返還を受けることができます（最判昭和44年7月17日・判タ239号153頁）。

　しかし、敷金とは異なり「建築協力金」「入会金」のような特定の契約相手（前家主）への貸付金・預託金は特段の事情が無い限り新しい家主に引き継がれないため、預託金の性質については十分な注意が必要です。特に「保証金」との名目の場合は性質が敷金と同じものやそうでないものがありますし、名称が「敷金」であっても未払い賃料等を担保するための金額としてはあまりに高額な場合などには、その性質が問題となりやすいといえます（72頁のコラム参照）。

　なお、入居者にとって具体的に注意が必要な事柄としては金銭の性質のほかに、次の二点があります。

　一つは、譲渡などで家主が代わっても契約は当然に引き継がれるため、新たな契約の開始や契約の更新とはなりません。にもかかわらず、更新料、新規契約書作成費用などの名目で家主や不動産業者から入居者に金員を請求する場合が見られることです。

　もう一つは、抵当権の実行については次の4で述べますが、たとえ抵当権実行の申し立てがなされ競売の手続が始まった後であっても、手続の途中で競売の申立が取り下げられて、建物は任意売却によって移転する場合が多くあります。この場合は当然に、契約・敷金は新し

い家主に引き継がれることになります。最終的に抵当権が実行されて競売で落札された場合とは区別しなければなりません。

4　建物の競売

　家主が借金を返済できない場合に、債権者（家主に金銭を貸し付けている金融機関など）は担保（抵当権）を設定した不動産を競売にかけて、その売却代金から弁済を受けようとすることがあります。これが「抵当権の実行」です。

　抵当権が実行された場合の影響については、抵当権と賃借権のどちらが先に設定されていたかが問題となります。

　すなわち賃貸借契約より以前に抵当権が設定されていた場合には、抵当権が賃借権より優先するため、抵当権が実行されてしまうと賃貸借契約は否定され買受人には引き継がれません。この場合、もし買受人から退去を求められたら立退かなければならず、敷金も買受人から返還してもらうことはできません。もちろん前の家主に返還を求めることはできますが、抵当権を実行されるような前の家主から敷金を回収することは通常困難でしょう。競売で落札した者との間で新たに賃貸借契約が締結される場合であっても、これまでの賃貸借契約とは別個のものですから前家主に預託した敷金の返還を請求することはできるとは限りません。

　反対に、もし抵当権設定よりも賃貸借契約が先であった場合には、競落人は敷金を含めて賃貸借契約を引き継ぎますから、前記3家主の交代の場合と同じことになります。

　もっとも、抵当権が設定されていても、マンションやアパートでは抵当権実行の手段はあまり行われません。また実行した場合でも入居者に立退きを求めることは稀です。なぜならこれらの建物は賃料収入を得るために建てられているものであり、せっかくの賃貸借契約を否定しては意味が無いからです。勿論アパートを壊して大規模施設を作りたい、更地にして売却したいなど、買主にとって現在の賃貸借契約を否定する利益がある場合も考えられますから、一概には言えません。

なお、抵当権の実行と賃貸借契約の関係については、これまで「短期賃貸借の保護」の制度が定められていました（旧民法395条）。すなわち短期の賃貸借契約（建物賃貸借契約なら3年を超えないもの）については、たとえ優先する抵当権が実行されても、その期間中に限って保護を受けるものとされていました（契約が保護され立ち退かなくて良いと言うことです）。しかしこの制度は悪用されることが多く、抵当権実行制度の大きな妨げとなっていたため、2003（平成15年）に廃止され、今後は借主は、競落人の買受のときから一律6ヶ月の引渡し猶予期間を与えられることになりました（改正後の同条）。

　もっとも経過措置として、この改正法の施行期日（平成16年4月1日）の時点で現存していた短期賃貸借契約に関しては、その施行後に更新されたものも含めて、従来の短期賃貸借の保護を受けるものとされています（平成15年法第134号附則5条）ので注意が必要です。

　以上のように、家主・入居者の破産、家主の交代、建物の競売といった場合には、それらの手続との関係で賃貸借契約が保護されるのかどうかを確認することが重要だと言うことになります。入居しつづけることが出来るのか、敷金などが引き継がれるのかどうかがそれによって決まってくるからです。

Step-6　被災住宅の場合はどうなるか

1　被災住宅の特殊性

　本来、賃貸借契約は、契約期間が満了するか、あるいは、当事者から解約の申入があったこと等により、終了するものです。ところが、災害により建物が倒壊した場合には、当事者の終了の意思表示なくして、当然に賃貸借契約が終了すると解されています。

　この点が被災住宅特有の性質であるともいえ、これが後の論点を生み出すことにもなります。

2　敷引部分の返還の可否

(1)　問題の所在

　敷引条項は震災等の災害があった場合にも適用されるのか、そもそも敷引が原状回復の前払、空室損料等を含んでいることから、被災住宅の事例のように、賃貸借契約が終了し、今後も継続して賃貸借契約が発生しないような場合であったとしても、敷引を取ることが許されるかどうかが問題となります。

(2)　裁判所はどのように考えているのか

　大阪高裁平成9年5月7日判決（第5部判例12-2参照）は、「敷引条項により敷金から控除される金額は、一般に、賃貸借契約成立についての謝礼、建物の通常の使用に伴って必要となる修繕費用等、様々な性質を持つものと思われるが、このような敷引条項も、その適用される場合や控除される金額等からみて、一方的に賃借人に不利益なものであるとか、信義則上許されず、また、公序良俗に反するものであるとかいう場合でない限り、有効なものと解するのが相当である」と判示したのに対し、最高裁平成10年9月3日判決（第5部判例12-1参照）は、「敷引金は個々の契約ごとに様々な性質を有するものであるが、いわゆる礼金として合意された場合のように当事者間に明確な合意が存する場合は別として、一般に、賃貸借契約が火災、震災、風水害その他の災害により当事者が予期していない時期に終了した場合についてまで敷引金を返還しないとの合意が成立していたと解することはできないから、他に敷引金の不返還を相当とするに足りる特段の事情がない限り、これを賃借人に返還すべきものであるからである」と判示し、大阪高裁の判決とは全く逆の結論を採りました。このように、最高裁と大阪高裁で判断が分かれたのは、敷金問題特有の「慣習に対する認識の違い」から由来したものと思われます。なお、上記大阪高裁判決と同じ基準を示した神戸地裁平成7年8月8日判決（第5部判例12-3参照）は、「賃貸借契約直後に天変地異があったなど借主が賃貸借契約締結の目的を全く達成していないと認めるに足りる特

段の事情のない限り返還を要しない」という一定の限界を設けていることからも、「特段の事情」がある場合には、信義則上、敷引相当額の返還の可能性もあり得るということを示したといえるでしょう。

3 罹災都市借地借家臨時処理法（借家部分）について

(1) 震災等の災害が起きた場合に法律関係はどうなるか

以上のように災害時における住宅被害と敷金返還の関係は、前述のような判例がありますが、賃借人の保護については、立法によって解決している例があります。1995（平成7）年に発生した阪神・淡路大震災の時に、以下に説明する罹災都市借地借家臨時処理法が適用され、一定の範囲で借家人の保護が図られることとなりました。

なお、2004（平成16）年の新潟県中越地震につき、日本弁護士連合会・関東弁護士会連合会・新潟県弁護士会が2005（平成17年）1月11日付で、法務大臣及び国土交通大臣に対し、同法の適用を申入れ、政府は、新潟県中越地震で被災した長岡市等の10市町村を対象に、同法の適用を同年4月12日に閣議決定しました（同年4月15日施行）。

(2) 罹災都市借地借家臨時処理法の具体的な内容

火災・震災・風水害などの災害で建物が滅失した場合（建物の主要部分が消失して、全体としてその効用を失ったといえるような状態になった場合）には、その建物に関する賃貸借契約は終了することとなりますが、罹災都市借地借家臨時処理法が適用されれば、入居者に①優先借地権（同法2条）、②借地権優先譲受権（同法3条）、③優先借家権（同法14条）が認められ、これによって罹災した入居者の保護が図られることとなります。

まず、①の優先借地権とは、滅失した建物の敷地につき、借家人が敷地の所有者に対し、建物所有の目的での賃借の申出をすることにより、優先的に借地権が与えられるというものです。

次に、②の借地権優先譲受権とは、家主が借地人である場合に建物の借主であった者が、借地権の譲渡の申出をすることにより、優先的

に借地権の譲渡を受けることができるというものです。

　なお、この①と②の申出は、罹災都市借地借家臨時処理法の適用を定めた政令の施行日から2年以内にする必要がありますので、くれぐれも期間制限にはご注意ください。

　最後に、③の優先借家権とは、滅失した借家の敷地上に最初に建築された建物について、その完成前に賃借の申出をすることにより、優先的に借家権が与えられるというものです。

　災害にあった場合には、このような法律があるということを頭の片隅に置いていれば、いざというときに救われるかもしれません。

コラム 知って得するワンポイント知識

宅建業の仲介手数料は、なぜあるのか？

●仲介手数料はいくらか？

宅地建物取引業法では、成功報酬主義が採られているため、取引自体が成立しない限り、仲介手数料は発生しません。

宅建業法46条によって定められた仲介手数料の上限は、双方からの合計で「借賃の1月分」とされています（居住用の場合は入居者または家主からは承諾を得ている場合を除き半月分が限度額です）。「借賃の1月分」の「借賃」は純粋に賃料に相当するもの（駐車場代がある場合はそれも含む）だから、共益費は除きます。

●「仲介手数料ゼロ」はお得か？

仲介業者は、後に示すとおり、仲介した取引の双方当事者から、合わせて賃料の1ヶ月分を仲介手数料として受けることができるとされています。かつて大手業者で、依頼者の承諾がないまま一方から仲介手数料として借賃の1ヶ月分を取ったことを理由に、行政処分を受けたという事例があります。仲介手数料を半月分しか取らないということをうたっている業者もありますが、これは法文上当然のことであるため、特別に値下げをしているわけではありません。また、「仲介手数料ゼロ」と大々的に掲げている業者もたまに見かけますが、賃料に上乗せして、結果的に入居者が一方的に損をしているケースもないわけではありません。したがって、「仲介手数料ゼロ」としているからといって、一概に得をしているとは限らないということがいえます。もし、仲介手数料の規定に違反していると感じた場合には、監督官庁（都道府県または国土交通省）あるいは各地の宅地建物取引業協会に相談されるとよいでしょう。

●広告費と仲介手数料

前述のとおり仲介手数料の上限は双方からの合計で借賃の1ヶ月分とされています。また、依頼者（通常は家主）から特別に広告をしてほしいという依頼があれば仲介手数料と別途に広告費を受け取っても構わないとされています。ところが、実際には、入居者からは仲介手数料として借賃1ヶ月分を十分に説明しないまま当然のように受け取った上で、家主からは特別な依頼がなかったとしても「広告費」の名目で借賃1ヶ月分を受け取るという、いわば二重取りをする業者もあるようです。

「宅建業法違反の公開聴聞会、仲介料と広告料バードレポート第294号2000年3月6日」より（一部参照）

座談会
敷金トラブルの背景と解決への留意点

> 法律相談を受けている司法書士、裁判を実際に担当している裁判官が、敷金トラブルの最近の事情や背景、さらに国や自治体がつくっている、敷金トラブルを防止するためのガイドラインなどについて話し合った。発言から見えてくるものは……。

出席者

大石貢二（関西学院大学大学院司法研究科客員教授・元大阪高等裁判所判事・司会）

原田　豊（大阪池田簡易裁判所判事）

山上博信（愛知教育大学教育学部講師）

吉田康志（司法書士）

岡本雅伸（司法書士）

◎はじめに

大石——それじゃ、これから、敷金問題に関心を持たれて、自分で考えてみようかと思われている方を頭に置いて、敷金に関係するいろいろな問題を、皆さんの今までの経験や調べられたところを踏まえて、考えていることをざっくばらんに出していただきましょうか。

◎敷金問題の基本の基本

原田——はじめて裁判や法律ということに関心をもたれた方のために、簡単に一番基本的なところから説明させてもらうと、なにが問題かというと、具体的にどんな事実があったかということと法律との関係が問題になります。

どんな事実（「要件事実」といったりします）があったのか、どんなときにどんな法律効果、すなわち権利や義務が発生するのかということになります。たとえば、Ａさんが店で卵を買うとして、付けてある値段を了解してその金額のお金を出し、店の人はお金を受け取り、お客であるＡさんは卵を受け取るわけですが、民法などの定めているところ、法的にいうと、売買契約が成立し、お客であるＡさんは卵の所有権の移転を受けると同時に卵を占有することになり、第三者に自分のものだということを言えるようになります。そして所有権は物を使用・収益・処分することのできる権利ですから、それにもとづいてＡさんは自分の所有する醬油や砂糖を加えて卵焼きにするわけです。そしてこの新しくできた合成物である卵焼きの所有権はその材料の所有者であるＡさんのものということになります。そして所有権にもとづいて食べるということになります。まずい卵焼きになったかもしれませんが、法的にとらえるとそういうように言えると思います。

　いま申し上げたように、契約も事実の一つであり、今日問題になる賃貸借契約もその一つなわけです。

　そこで、まずどんな賃貸借契約が締結されていたかということになります。契約書などをどのように解釈していったらよいのかということになります。その解釈やどのような権利・義務が発生しているかということに、民法や消費者契約法などの特別法がかかわってきて、権利・義務の発生という法律効果が制限されたりします。

　賃貸借契約の基本は、賃料の支払いと物を使用収益できることが対価関係にたっている契約だというのが原則です。そして、賃料というのは、利益と経費（維持管理費・償却費など）からなっています。経費は賃料に含まれているというのが原則であります。

　また、使用収益にあたって善管注意義務（善良なる管理者の

注意義務、つまり他人のものなので、自分のもの以上に大切に扱ってくださいという意味）があります。
　このような大原則や民法・消費者契約法などの法律をもとにしながら、敷金に関する判例をどのようにわかりやすく整理していくのか。その流れと現時点での大勢、そしてそれらから読みとれる問題点や今後の展望が大切なことと思います。

大石——基本的なことは以上にさせていただいて、敷金返還で問題（争点）になる点を取り上げたいと思います。

◎契約書の解釈、とくに本文と特約条項

原田——話をまず契約書の解釈という点から始めます。
　一番問題が起こりやすいのは、本文と特約条項の関係ということでしょうか。あとで詳しく議論されると思いますが、契約全体をどのように矛盾なく法的に解釈するかということです。ことに、特約と本文の関係、それと民法の原則との関係について、どう整合させるかということでしょう。
　次に問題となるのは、そもそもそのような特約・合意が本当に成立していたのかという事実の存否にかかわる問題であります。契約締結のときにそのことについて分かるような説明がなされていなかったり、違う説明や勘違いがあると問題が起こります。書いてあるからといって、合意が存在したとは認められない場合もあります。
　それから、契約・特約があったとしても、いろいろな事情から公序良俗に違反して無効だという場合があります。
　最近では、消費者契約法によれば無効という判決もでています。これに関する判例も注目されています。
　国土交通省住宅局や東京都のガイドライン、各自治体の条例の内容も大きな指針になってゆくものと思われます。それらは、裁判例の分析の結果などから、合理的で公平と思われるものを、今後の紛争予防のために定めた行政的なものです。これらは、

わかりやすく説明されており、一義的で紛争予防機能を果たしていくものと思われますが、現実に紛争が裁判所などに持ち込まれた場合には、ケースバイケースで修正しないと不合理な面が生じてくる可能性もありますが、それは紛争予防という行政的な目的から制定されたもので、すなわち裁判規範（最終的に裁判所の判断で用いられる物差し）ではないという性格上やむを得ないものでしょう。

◎原状回復と通常損耗の範囲

原田――原状回復に関連して争点になるのは、通常損耗は家主負担かどうか、通常損耗の範囲、借主の負担となる部分・範囲とその金額算定の方法、補修が必要な部分・範囲の確定、その時代に見合った材料・工事と費用負担のあり方や耐用年数がのびること（私は「延命」とも表現しますが）や具体的な材料代や手間賃などの適正な相場をどう把握するかということだと思います。私は立証責任の問題として、差し引く方すなわち家主に資料提出や説明を求めますが、単なる見積書でいいのかということになります。建設物価算定の資料が公刊され、その時期・地方ごとにいろいろな価格が示されていますので、客観的な目安を示すものとしてぜひこれは活用してほしいと思っています。

　一見すると特約に原状回復費用は借主負担と記載され、契約上は負担になっとるようにも読める場合の契約書の解釈をどうするかということです。

山上――法律論では通常損耗は家主の負担という考えがある一方で、実際の原状回復は借主負担という契約を交わされているのがトラブルの発端というんですかね。

原田――通常の賃貸借契約書では、特約で原状回復の費用については協議する、両者で話し合うとか、借主が負担するというのが多いのではないのでしょうか。この場合原状回復がなにをさすのかということを、裁判所が解釈しなければならなくなります。多

くは通常の注意義務を果たして使用していたものは除く、通常損耗は家主の負担と解しているものと思われます。

　もちろん、通常損耗ではなく、借主の過失などで痛んだ部分は、借主がその費用を負担することになります。

吉田──特約の有効性の判断、それとその特約における原状回復の解釈。つまり、原状回復というのはあくまで通常損耗の範囲を超える部分の原状回復であって、通常損耗までは含まないというのが常識です。契約に際して（家主が店子に対して）「ウチは相場より家賃を安くしているから、明渡したときのリフォーム費用は負担してくださいよ」とちゃんと説明していれば、あるいは通常損耗のリフォーム費用を原状回復費用に含めることもあるかも知れませんが、家賃も相場通り取っときながら、さらにリフォーム費用まで請求したら暴利行為になるんとちゃいますか？

山上──トラブルの原因は、契約書の本文で原状回復、通常損耗は家主負担、特約で借主負担に覆すというところなんですか？

岡本──ワンルームマンションの事例における契約書の第8条。この条項は、契約期間中の修繕費用の負担について規定したものです。本来であれば家主が修繕費用を負担すべきものを、その家主の修繕義務を免除して、借主側の費用負担で修繕するとしたものです。

　それなのに、家主はこの条項が原状回復の時の修繕費用の負担についても適用されると誤った解釈をしている。それがトラブルの原因となっているケースもあります。

原田──ご指摘の（ワンルームマンションの事例の契約書の）10条とか特約条項とか、一般的にはこんなんが多いと思います。

山上──賃貸住宅標準契約書の第11条「明渡し」のとこに「(乙は、通常の使用に伴い生じた本物件の損耗を除き、本物件を原状回復しなければならない。)」と書いていますけれども、これは解釈に幅が出てくるんですかね？　ちょっと11条見てもらいます

か？

原田——原則は1項に書いてますわね。しかし、通常損耗を含めて原状回復というのが、多くの家主や仲介業者の感覚でしょう。

　　　家主に、通常損耗は家主負担という理解が足らん。リニューアル費用は借主負担にするという感覚やね。

山上——借主の主張は、「通常損耗については自分たちの負担やない、家主負担」という主張をはっきりされる方は多いんですか？

原田——裁判所に来る人は、新聞の記事や消費生活センターなどで知った人ですから、そういうことは当然で、すでに憤ってくるわけです。

山上——最近激増しているという感じですか？

原田——そうです。転勤族や学生なんかでも、あとでかなりの金額を返してもらえると思っていたのに、結局家主が端数しか送ってこなかったという場合とかね、60万戻ってくるはずが、6千なんぽかしか送ってこないねん。業者は「あとで精算しますわ」とか言うわけ。

　　　それと一戸建の家なんかやったら、逆に100万円払えと敷金以上を請求されるケースもあるわけ。

山上——そういった場合、裁判所の側としても、ある程度論点整理するよう促していくんですよね？

　　　本人訴訟の場合、最初、裁判所は釈明させるんですか、たとえば、家主はどういう名目で金をとったのかとか？

　　　それに、足りない証拠を求めたりするんですか？

原田——結局、契約書、建物の状況の写真とか、見積書とか明細書とか出してもらわんと、話にならへんわぁ……。

　　　たいがいは、床と壁の面積も出して来よらへんし、出たら大雑把な図面やし、築年数など基礎的データがなかなかでてこないし、ずさんなものが多いね。

　　　事前に双方から資料を提出してもらっていないと、2〜3時間で判決というようなことはできないし、するとしたら立証責

任で処理するということにもなる。ともかくは、家主側が一応の合理的な説明を証拠に基づいてする必要がある。ところが双方が本人のみでやっている場合には、それを理解して整理した証拠を出してもらうこと自体が大変ということ。

一方、借主の方も、入居時はもちろん、退去時の写真は撮っていないし、図面もない、途中で自費で修繕したのにその資料もないというようなわけ。

山上──訴えを出された後に原田さんはタッチしないでしょうが、書記官が事前にあれ出せこれ出せと言ってるんですか？

法廷であれ出せこれ出せというんですか？

原田──原告には書記官から事前に資料を出すように言ってますし、被告にもただ「否認する」というような答弁ではなく、具体的な根拠等を示すものを出して下さいとお願いするわけ。

それでも、こちらが必要と思うものはなかなかそろわないし、修繕工事のことを説明できる人を同行してくることはまれですね。

そういう中で、何とか適切妥当な解決をできるよう裁判所も苦しんでいるというのが実情なのではないですか。

もちろん、両当事者もはじめて裁判やってみて、なんでも裁判所がやってくれると思っていたのに、えらい大変やなあ、聞いてた話と違うなあと思う人もいるようです。

◎敷金を上回る修理費の請求

大石──そのほかの敷金問題で多い事例には、どのようなものがありますか？

岡本──うちに駆け込んでくる事例には、戻ると思ってた敷金がもどってこないだけではなく、敷金を上回る修理費がかかったのでさらに修理費払えといわれたケースがありますよ。

原田──相談者は、契約書は持ってきますか？

岡本──契約書は持って来ることが多いですね。その契約書では、原状

　　　　回復について通常損耗分まで借主が負担するという特約の無い
　　　　ものが多い。それなのに、家主や管理業者が契約書の内容を正
　　　　しく理解してなくて、借主に負担させようとしてトラブルにな
　　　　っているケースがあります。
山上──じゃあ、仮に特約があったとしてもその合理的な解釈にずれが
　　　　あるということもありますか？
岡本──そうですね。借主側はもともと法律の知識を特に持っているわ
　　　　けではないので、借主の側の解釈がおかしいというよりも、家
　　　　主や業者の側の解釈がおかしいという場合が多い。敷金問題の
　　　　根本はそこにあるように思います。
山上──家主の側からすれば、業界の常識として、ハウスクリーニング、
　　　　通常損耗まで入居者の側の負担というのが契約書以前にそうい
　　　　うものが頭から離れていないということですか？
原田──全部ではないんと違いますか？　一部の業者だけちゃう？　わか
　　　　る業者はわかってますって。敷引何十万もとって、それを新し
　　　　く貸すための工事費に充てるためのものではないとは思ってな
　　　　いでしょう。
山上──追い銭を請求するというのは悪徳かもしれませんが、通常損耗
　　　　も当然借主の負担という認識は強いですか？
吉田──やっぱり、通常損耗も入居者の負担やと思てる大家さんは多い
　　　　ね。修繕の費用が家賃の中に含まれてるという認識はない。自
　　　　分はきれいな状態で貸しているんやから、当然返してもらうと
　　　　きはきれいな状態で返してもらうんやという感覚ですな。
山上──物件が新品であれ中古であれ、新しくして返すというのが業界
　　　　の常識になっているとか。
吉田──原状回復というのは貸した最初の状態で物件を返してもらうん
　　　　やと思っている家主さんは多いです。そやから、私の事務所は
　　　　地域的な事情で家主さんが「入居者から訴えられた」いうて駆
　　　　け込んでくる場合が多いんやけど、大抵、敷金はリフォーム費
　　　　用に充てて返していないのがほとんどです。

「写真は撮っているの」と聞いても「そんなもんはない」いう答えです。
　　　「それやったら勝ち目はないから（敷金を）返すから（訴訟を）取下げてくれってお願いしなさい」ってアドバイスします。
　　　「そんなん、原状回復は借主負担って契約しとるがな」っておこらはりますが「それはちゃいまっせ」言うて説明するのが一苦労ですね。

山上──「原状回復」という言葉に誤解されやすい点があると思うんですね。
　　　たとえば、戸建てを借りた場合を考えましょう。平成2年新築した賃貸借住宅に、15年住んで平成17年に退去した場合、原状回復は、その家の15年後の通常の状態にまで価値が減った状態に戻しなさいという意味ですね。これを家主が誤解している。
　　　私も、先日ある税理士と家主の会話で、税理士の「敷金を返さないでよい」という指導を聞きました。
　　　法律や契約書に書かれた内容と違う「常識」が未だにあるんですね。

原田──誤解の前提は敷金が下がってきたんやね、空室が増え空室期間も延びてきてます。地価が下がったせいで新しくて設備のよい方が、原価が安く賃料が安く設定できるし、貸す方にとって、いろんな面で賃貸市場が苦しくなってきた。
　　　純益は何とか確保したい。その方便として管理費とか修繕費とかいろいろな名目で実質賃料（純益）を取りたいんでしょうね。
　　　それで、敷金は返されへんということになるんやね。

◎実費見積もり方式による修理費用

山上──これから、退去時には、修理費用は「実費見積もり方式」が増えてくるんと違いますかね。

岡本──家主から「これだけの修理費かかるから敷金を返せません」と

か、「さらにもっと払って下さい」と言われたという場合、通常は家主から修理費の見積書が出ていると思うので、まずはその見積書の内容をよくチェックすることが最初のスタートになると思います。

　どういう項目について、どれだけの修理が必要なのかということです。クロスやカーペットの張替えとか、ハウスクリーニングとかの項目があり、それぞれ何メートルとか何平方メートルになっているのか。あまり良くない見積書の場合には、「一式」となっていることもありますが、できるだけそれを一つずつ項目を拾ってチェックしていくことが必要です。

　それで、借りていた人に思い出してもらいながら、例えばクロスの張替えについて、小さな子供がマジックで落書きをしていて、クリーニングしても汚れがおちないというようなものについては、そこの部分についての修理費は仕方がないとなる。でも、そのような落書きもなくて、10年くらい借りていてクロスが自然に変色してきているにすぎないというという場合には、借主側が修理費を負担するのではなくて、家主側の負担となる。それは、通常の使用による自然な損耗となりますからね。

原田——たとえば、クロスやったら、クロスに耐用年数、償却期間があるねん。それらの相場をどう把握するのかということ。

　10年も貼ってあったら、それはどちらにしろ張替えないと仕方がない。それを全部借主にもてというのは筋がとおらないし、酷な話しですよ。それでもそのことを家主や仲介業者に理解してもらうのは大変な作業なんですよ。その意味ではガイドラインというのは、東京都だけでなくぜひ充分周知させてほしいものですな。

山上——例えば、税務処理でも償却期間があるし、什器(じゅうき)備品や家屋に不可欠な内装にもそれぞれ耐用年数があります。たまたま、その期間お住まいになられると、そのものの残存価値がゼロになっていると、その場合家主が換えないとならない。ひとつひと

つ検討していくと、それも入居者の負担はないという場合もあります。

原田——事例1（ワンルームマンション）の資料にある工事業者の作った見積書（58頁）をよく見ていただくと、貸主・借主の負担割合がメモされていますが、これは業者も耐用年数・延命等を考慮して、カーペットが7年とするでしょ。5年住んで、交換すると延命しとんねやね。

　新しくするための工事費用全額を借主にもたすのではなく、お互いの負担割合を決めようとしたのだと思います。ただこの場合でも通常損耗の範囲内なのにそれを借主にもたそうとしたことに問題があったのです。ただ、やり直す費用全額でなく負担割合を決めようとした点では、この業者はまだましなほうかも知れません。文句をいわなければ全額負担させるという業者も結構いるのではないでしょうか。

　壁やフローリングなどそれぞれの耐用年数をどう認定するのかも、裁判所を含め素人には難しいところです。税務、建築やマンション管理上のノウハウの知識が必要です。

　要は、延命分までは負担する必要はないし、入居期間にもよるわね。

吉田——そやから、なんぼ子供が壊してしまったからいうても、入居期間によっては既に耐用年数を超えてしまっているやないかっちゅう抗弁が成り立つ訳やね。

山上——耐用年数が過ぎていたら極端な話、落書きし放題……。

吉田——その場合、落書きがあろうが無かろうが換えないとあかん。家主さんは請求できへんいうことやね。

◎「通常損耗は借主負担」という特約条項

山上——今までは、借主の側が責めを負うように見えても、必ずしも責めを負う必要のない問題でしたが、今度は契約書の上で、印刷された契約条項に「通常損耗は貸主負担」と記されて、さらに

付け加えられた特約に「原状回復は借主負担」とされている場合について、裁判所ではどうしてますでしょうか？

原田——まず、特約の無いやつはね、通常損耗が家主負担、それが明らかな事件はわりと簡単やね。

　もちろん、要修理箇所の判定や金額算定のノウハウは身につけている必要がある。

　今度は、特約で「原状回復は借主負担」、「通常損耗は借主負担」となっている場合は、合理的解釈をする必要があるね。

　判決例は、通常損耗は家主負担というのが原則で、全く新しくやりかえる費用までも負担する必要はないと判断しています。

　この本にも典型的な判決を載せてます（第5部判例3）ので参考にして下さい。

山上——つまり、「合理的解釈」というのは、「借主の負担によって、その家屋がグレードアップするのは合理的でない」ということですね。

岡本——「原状回復」という言葉の意味自体、本来であれば「借主側の過失によって生じたものについてだけ」ということに限定され、通常損耗分は含まないことになる。ところが、特約で決めているから通常損耗分まで原状回復の範囲に含まれるという認識を家主が持っていて、それを主張したりする。それが争いのもとになっています。

吉田——問題は、説明義務のところですね。説明したからと言って必要以上の原状回復義務を賃借人に負わすことができるかというところが争いになります。

山上——たとえば、そういう話は敷金返還請求の判例で確立していると思うので、（第5部判例5-1）を見ていただくとよいと思います。

◎消費者契約法とガイドライン

大石──いままで契約の内容が問題となるというのが論点で出てきました。民間（私人間）の契約というのは、お互いが対等な立場で契約をすることが前提ですが、もしも、貸主の一方的な利を図る結果となるような特約が結ばれていたら無効になります。

入居時の契約内容については、重要事項説明があったり、懇切な説明があれば、ある程度不利な特約でも、入居者は我慢せなあかんという主張があるかもしれませんが、消費者契約法では問題になりませんか？

吉田──力関係で行くとやはり借主のほうが弱いですね。

賃貸物件が余っている状況であれば、借りる側もある程度抵抗することが可能かもしれないが、どうしても住居がなければ一方的に不利な条件でも呑まなければならないということになります。当然、消費者契約法の適用が考えられます。

原田──最近の市場の動向は、賃料としては弱含みのようですが、それは借主の力が強くなったのではなく、地価下落と供給過剰が原因です。個々の借主はばらばらであるが、家主は多くの物件をもっていたり、仲介業者と継続的・密接な関係にありイニシアチブをもってます。

実際に契約書をつくるのは誰かということにもあらわれてます。家主の意向を踏まえて契約書を作るやろうけど、実際は宅建業者が家主に代行して契約書をつくるんやね。

そういう実態があるからこそ都や国がガイドラインを作って宅建業者を介して規制しようとしているんやね。

山上──一部の業者がこれくらいなら行政からクレームが出ないやろうと、さまざまな配慮をし、貸主に有利な契約条項にするという傾向は、否めないのですが、これに対して、ガイドラインは市民にもわかりやすい内容になってますね。契約時にこれを参考にするのもよいと思います。

原田──通常、契約書は宅建業者がつくるので、国や都などの自治体は、

力関係では立場の弱い借主を保護するため、そうした宅建業者を規制するガイドラインをつくっています。では、具体的な内容について議論しましょう。ガイドラインの特徴は、やっぱり通常損耗は家主負担というのが特徴、この大原則を貫いたという点で大きな意義があります。くわしくは、国土交通省住宅局のホームページに出ています。

山上——ガイドライン（国土交通省住宅局『原状回復をめぐるトラブルとガイドライン』〔（財）不動産適正取引推進機構、2004年〕。現在は、同じものが国土交通省住宅局のホームページに出ています〔後掲182頁〕をみてもらいましょう。ここには標準約款（『賃貸住宅標準契約書』）が示されています。

　このガイドラインは、考え方の基本として「建物の価値は、居住の有無にかかわらず、時間の経過により減少するものであり、物件を、契約により定められた使用方法に従い、かつ、社会通念上通常の使用方法により使用していればそうなったであろう状態であれば、使用開始当時の状態よりも悪くなっていたとしてもそのまま賃貸人に返還すればよいとすることが学説・判例等の考え方であることから、原状回復は、賃借人が借りた当時の状態に戻すものではないということを明確にし（た）」点が特徴です（平成16年2月改訂版6頁）。次に、原状回復の考え方については、「賃借人の原状回復義務とは何か」が書かれており（13頁）、まず、(1)に「賃借人の通常の使用により生ずる損耗」、(2)に「賃借人の通常の使用により生ずる損耗以外の損耗」と分けられており、(1)の場合は家主負担、(2)の場合は借主負担とか書かれています。物件の価値の減少については、「図1　判例、標準契約書等の考え方　賃貸住宅の価値（建物価値）」を見れば簡単に分かります。

原田——賃貸住宅標準契約書でいくと、難しいことが書いてありますが、大原則としては通常使用の原状回復は家主負担。図などをつかって負担部分の明確化を一つの特徴としてうたってますよね。

山上──契約書の11条、物件の原状回復に関する規定などについてそうですね。

吉田──通常、契約書にはそこまで記載してないでしょ。

岡本──「（借主は）通常の使用に伴い生じた本物件の損耗を除き、本物件を原状回復しなければならない。」となっていて、ここまではっきりと書いておくと問題は起きないと思われます。

山上──「原状回復」の「原状」は、本来残るべき「残存価値」という意味なんですよね。

岡本──ガイドラインでは、原状回復の定義を明確にしていることが前提となっています。原状回復とはどういうことなのかということについて、これまでの判例などを参考にしながら、これが一般的な解釈ということで、「賃借人の原状回復義務とは何か」が記されています。今まで原状回復の定義づけについて、家主側もよく分かっていなかったところがありますが、これが定着してくると原状回復の解釈の誤りによる紛争は少なくなってくると思います。

山上──さらに、一覧表が２つ付いてますよね（別表１「損耗・毀損の事例区分（部位別）一覧表」、別表２「賃借人の原状回復義務等負担一覧表」）。

原田──この考えでいくと、子どもがふすまをいためても、全部取り替える場合は、通常損耗部分は借主が負担する必要がないんですよ。

山上──東京都も都市整備局住宅政策推進部が2004（平成16年）９月に「賃貸住宅トラブル防止ガイドライン」を定め、東京都のホームページで公開しています。

　　　　この中にも、経費負担の一般原則が定められていて、説明を適正に行うために宅建業者への指導がなされています。具体的には「１　退去時の復旧」として、「(1)　貸主の費用負担・賃貸住宅の契約においては、経年変化及び通常の使用による損耗・キズ等の修繕費は、家賃に含まれているとされており、貸

主が費用を負担するのが原則。」と明記されています（6頁）。また、「⑵　借主の費用負担・借主に義務として課されている「原状回復」とは、退去の際に、借主の故意・過失や通常の使用方法に反する使用など、借主の責任によって生じた住宅の損耗やキズ等を復旧すること。その復旧費用は、借主が負担するのが原則。」とも記されています。

原田──東京都のガイドラインは、負担部分を明確にしたのが特徴やね。

山上──一般的例示として、12頁以降に「貸主・借主の負担区分の図解」が載っています。ここには、家の絵があって、一つ一つ借主負担、貸主負担と明示され、末尾に標準約款があって、区分表がついてます。

岡本──基本的には国交省のガイドラインと同じになっている。契約自由の原則により特約を定めることはできるが、それだけで当然に全部が有効になるわけではない。その特約が有効となるためには、これこれの要件を満たす必要があるとしています。

　　　国交省のガイドラインの6〜7頁の「⑵特約について」に記された内容が、東京都のガイドラインの10頁でも「⑷特約」としてそのまま使われています。これは大事ですね。特約を定めていても、内容によっては無効となる場合もあるとしています。これは消費者契約法の10条も意識してのことでしょう。

原田──それに、原状回復の費用について、家賃からと敷金から充てるという二重取りにはなっていないか家賃の分析が必要で、ただはじめから特約の問題を強調するんじゃなく、トラブル解決のために考えないといけません。

吉田──そもそも「原状回復費用は家賃に含まれる」であって、そもそも論からいかんとあかん。あくまで通常の原価償却分は家賃に含まれるべきです。「ウチは近傍地の家賃よりもこれだけ低くしています。ですから出て行くときのリフォーム費用はお願いしますね」という話が客観的に立証されるなら特約は有効になるかもわからんけど……。

山上——借主が、敷金と家賃から二重取りされている問題があり、家賃のなかには修理、維持管理、減価償却が含まれておって、家賃の中で負担している。敷金トラブルでは費用の二重取りになっているわけですね。

◎トラブルを解決するために留意する点は

大石——トラブル解決の際、どういう点に注意すべきか。それぞれの経験からお話ししていただいて、最後のまとめをしていきましょう。

山上——手続を選ぶときに、結果として、本訴までいかなくてもいいのにとか、ゆずりあって解決できたものとかありますよね。

岡本——そうですね、そこまで感情的に対立してなくて、単に契約書の解釈について誤解とか誤りとかがあり、判例ではこうなっているというようなことについて正確な理解があれば解決できるというケースもあるので、何でもかんでも裁判すればいいというものではないと思いますね。

吉田——実際、内容証明１本で解決することも多いですよ。家主さんも借主から内容証明郵便が来て、専門家の所に相談に行ってはじめて認識の違いを知ることになります。

　例えば、敷金30万、敷引10万となっていれば、敷引の10万は最初からないものとの認識の入居者も多い。10万プラス原状回復費用を30万から差引いても諾々と応じる賃借人がほとんどやから、たまに、まともに敷金を返せと言われれば「なんでや！」ってことになって、うちの事務所に駆け込んでくるんですよ。そこで、私が「それはちゃいまっせ」いう話になって原状回復についての認識の違いを諭せば家主さんも「しゃあないかぁ」いうて、渋々敷金返還に応じることになりますからね。

山上——裁判所のおとしどころは実際どうなんですか

原田——額が額なので、判決までいくのは意外にすくないのではないかなぁ、こっちが判決したろ思ても、和解したり……。結局は額

の話なので、どう妥当・公平な額を算出するかということです。当事者としても額はそう大きくはないし、何回も裁判所に来るのはいやだし、強制執行など大変だし、早く解決したいというのが実情とちゃう？

岡本──敷金問題で特優賃のように法律の解釈が争点となる事件以外については、基本的には判決によるのではなくて和解に向いているという事件が多いと思います。

　どこまでが通常損耗なのかということについて、突き詰めて検証するとなれば現場での確認が必要となりますが、状況が復元できない場合もあるし、判決で本当の意味での厳密な判断ができないグレーの部分があるということからすれば、やっぱり和解に向いてます。また、金額も少ない場合が多いので、和解により解決すべき事件が多いと思います。

吉田──物件自体、新築ならよいが中古物件なら入居前にリフォームしてなかった業者もありますからね。壁紙も最初から汚れてたとか床も傷んでいたとか、実際はわからへんもんね。入居前のリフォーム工事の見積書に、どこどこの何号室いうの書いてないのもあるもんね。

山上──それに報道によれば、裁判所は、判決で公序良俗という「伝家の宝刀」を抜き過ぎかなという気がしますね。

原田──いや、実際にはそうとも言い切れないのではないでしょうか。新聞報道や法律関係の雑誌などで目を引くものが必ずしも実際の大勢とは限りません。消費者契約法などの適用については、まだ大勢が固まっているとは思えません。家主と入居者の間の合意の存在の有無、公序良俗、消費者契約法などについての地裁・高裁レベルの動向、判例を充分検討する必要があるね。

　あと、気になる点を言うと、手続の選択、自分で交渉・消費生活センターや宅建業協会による指導斡旋、裁判所の調停・少額訴訟・通常訴訟など、どれが適切かを見極める必要があります。それぞれの手続に長所と短所があります。はじめから裁判

がいいとは限らない。紛争のパターン、何が紛争の原因か、紛争の法的側面（消費者契約法なども問題になるケースもでてきてます）、当事者側の問題、たとえば遠距離の地域に引っ越したとか、お金を急いでほしいとか、早く解決したいとか。あるいは、逆に時間と手間がかかっても正しい解決をしたいと希望したとか、原告と被告の性格によるとか、いろいろあるわねぇ。

　個別の事件では、もともと汚かった、ハウスクリーニングをした形跡などなかったとか、しみがあったなどというものからいろいろあります。費用名目で少しでも利益を得ようとする者もいます。ごまかしの控除をすることもあるんやね。

　住んでる人が修繕したとか屋根いろた（＝屋根を触った）とかいうのもある。家主はもちろん、借主の側にも立証の工夫が要ります。具体的には、分かりやすい写真とか……。中立の立場の裁判所が、実際の事件でどこまでいえるかということもあるし……。

　管理費などをとりながら、逆に家主がなんもせんかったというものもあります。自分たちで掃除や電気代の集金までしていたというのがあります。

　さらに、判例のこれからの展望としては、消費者契約法の施行時期との絡みで、同法の適用や公序良俗違反についてどういう方向をたどっていくのかが注目されます。

　それにどういう証拠が必要か、普通の人なら少し努力すれば提出できるものは出すべきで、それを尽くさないと立証・反証したことにはならないのでは。裁判所も素人ができるものをパンフなどで示すべきかもしれません。

　また、家主側の課題としては、暴利行為ではない、償却費や維持管理費がいくらかかっていて社会的に許容される適正な範囲内のものであるということを明らかにしていく必要があるのでしょう。そういう点からいうと争点は家賃論・適正利潤論にあるのかもしれません。

◎おわりに

大石——皆さんから敷金をめぐる問題について、経験したことや考えたことを出していただきました。こうして考えてみると、貸主と借主は立場が違い、利害も違うわけですから、借りる時にお互いがどう決めるか、ここから慎重に考える心構えが必要ということですね。なんかおかしいなとか、わからないなと思うところがあると、良く相手に確かめないといけません。契約書に判を押すときには、その内容を今日話しが出たところを考え、もう一度契約書を良く読んで、わかってから押印するということが必要ですね。また、借り主が、実際に家を出ることになって、敷金を返してもらおうとするときにも、納得できないことを相手から言われても、簡単にあきらめないで最初の契約内容を良く思い出し、相手の言うことがこれにあっているか、そしてその言い分が今日出たような法律やガイドラインなどの考え方と合っているか、ということをよく考えてみる必要があるということですね。われわれで話し合ってみたことが、これから敷金問題は自分で解決してみようと思っておられる方々に、少しでもお役に立てばと祈りながら座談会を終わらせていただきます。

(了)

第5部

敷金トラブル解決法
判例活用編

基本裁判例から最新裁判例まで

Step-0 読むまえに

　敷金に関するトラブルの中でも特に重要と思われる判例をピックアップしました。読みやすくするために質問・応答形式にしています。

　「自分が抱えている」と思われるトラブルの内容と照らし合わせて、検討してみて下さい。

　ここでの判例は、比較的最近出されたものであり、そこで示されている解決方法もその参考となるべき判例が基となっています。

　第4部の「敷金トラブル解決法【理論編】もっと詳しく法律問題を理解する Step-1　敷金をめぐるトラブル」を十分に理解した上で、判例を活用すれば、裁判において、十分な戦力になると思われます。

　さぁ、判例を武器にして、難しい敷金トラブルに打ち勝ちましょう！

　なお、引用文は、一部原文と異なる箇所があります。

　＊本書の第1版第1刷刊行後、最高裁判所は、通常損耗と原状回復義務との関係、および通常損耗補修特約成立の要件に関する重要な判断を示した（最判平17年12月16日、判例時報1921号61頁、判例タイムズ1200号127頁）。第2刷にあたり、判例補遺として、判決を201頁以下に掲載する。

　＊＊また、第2刷刊行後に、更新料の支払いに関する約定及び定額補修分担金に関する約定は消費者契約法10条に違反して無効であるとした判例がいくつか出たため、第3刷にあたり、判例補遺として、判決を205頁以下に掲載する。

Step-1 基本用語編

Q1　敷金とは？
そもそも、「敷金」って何なの？
A…以下の判例の示すとおりです（詳細については、72頁のコラム参

照)。そもそも、敷金は滞納家賃や弁償金がなかったら全額返ってくるものです。もし、これ以外の場合で敷金が返ってこないとすれば、「修繕費を入居者が負担する」などの特約があった場合ぐらいしか考えられません。

【判例１】
最判昭48年２月２日（昭和46年（オ）第357号敷金返還請求事件、判例タイムズ294号337頁、原審：広島高松江支判昭46年２月５日）

敷金は、賃貸借終了後家屋明渡までの損害金等の債務をも担保し、その返還請求権は、明渡の時に、右債権をも含めた賃貸人としての一切の債権を控除し、なお残額があることを条件として、その残額につき発生するものと解される。

Q2　保証金とは？

契約書を見ると、「保証金（敷金）」とあるのですが、保証金は敷金と同じ意味なのですか？

A…どのようなケースでも、「保証金＝敷金」というわけではありませんが、あなたのおっしゃるケースでは、わざわざカッコして「（敷金）」としているのですから、おそらく敷金の意味で保証金として記載しているのだと思われます。

【判例２】
東京地判平４年７月23日（判例時報1459号137頁）

事務所等の賃貸借契約において、借主が貸主に預託することを約した保証金の性質は、これを限時解約金（借主が賃貸期間の定めに違背して早期に明け渡すような場合において貸主に支払われるべき制裁金）とするなどの別段の特約がない限り、いわゆる敷金と同一の性質を有するものと解するのが相当であって、貸主は、賃貸借契約が終了して目的物の返還を受けたときは、これを借主に返還する義務を負うものというべきである。そして、本件におけるように、貸主が預託を受けた保証金のうちの一定額を償却費名下に取得するものとされている場合のいわゆる償却費相当分は、いわゆる権利金ないし建物又は付

属備品等の損耗その他の価値減に対する補償としての性質を有するものであり、この場合において、賃貸借契約の存続期間及び保証金の償却期間の定めがあって、その途中において賃貸借契約が終了したときには、貸主は、特段の合意がない限り、約定にかかる償却費を賃貸期間と残存期間とに按分比して、残存期間分に相応する償却費を借主に返還すべきものと解するのが相当である。

その他の基本用語

1　家賃とは

　家賃とは、家屋の使用の対価として家主に支払われるもので、月々の賃料のことです。
経済的・会計的な観点から、その内訳としては、利益（純賃料）と必要経費（減価償却費、修繕その他維持管理費など）が考えられます。地価や税金など事情の変化によって、増減額の請求ができます。
　なお、家賃の増額や減額の請求でもめたときは、いきなり訴訟を提起することはできず、訴えを起こす前に調停の申立をしなければいけません（調停前置主義）。

2　同等類似とは

　入居者に原状回復義務がある場合には、その費用を算定する必要があります。相当期間を経過していると、全く同じ材料や工法ですることはむつかしくなっています。時代とともに材料や工法、グレード（水準）や内容も変化します。たとえば、サッシュであれば、木製からアルミに変化し、価格もアルミの方が安い場合があります。その時代のそのグレードに合わせて、その中から社会常識上類似していると考えられるものを選ぶことになります。

3　建物の傷みと劣化とは

　自然損耗は、全く使用しなくても進む劣化のことで、時間の経過とともに当然劣化し価値が減少してゆくものをさします。経年変化して

ゆくものですので、税務・会計上も、毎年同じ金額（定額法）や同じ率（定率法）で減価するものとして扱われています。

畳の日焼け・壁紙の色あせ等は自然損耗といえるでしょう。

なお、広義の「自然損耗」は下記の通常損耗も含んでいます。

通常損耗とは、自然損耗より広い概念で、通常の使用で生じる劣化をさします。たとえば、壁の電気（照明による）焼け・家具等によるカーペットのへこみ等で、通常の使用によって当然生じる建具・床やタイルなどの磨耗・きず・汚れなどがこれに含まれます。

4 耐用年数とは

税務・会計上、土地は永久のものと考えられていますが、その他の建物や施設、機械などは通常の使用にともなって当然価値が減少し、最終的には価値（寿命を終える）がほとんどなくなるものと考えられています。この期間が耐用年数といわれるもので、税務・会計上法令等でものに応じて決められています。
一定の期間で価値がなくなっていきますのでこれを一定の方法で減価する必要があります。これを償却といい、その対象となるものを償却資産といいます。税務・会計では、資産の減少すなわち経費の発生と考えて処理します。

不動産賃貸においても、家主側としては当然必要な知識です。建物の躯体そのものや内装・設備などもそれぞれ法令で耐用年数が決まってが、ガイドラインでもカーペットの例をあげて具体的に説明していますので参照してください。

5 善管注意義務とは

善良なる管理者の注意をもって保管する義務のことで、自己のためにするものよりもやや重い注意義務とされています。

今の社会では、家賃を払っているのだから、他人から借りたものより自分のものを大切にするのが常識といわれるかもしれませんが、法的には人から預かっているものは自分のものより大切にする必要があ

ります。特に契約や法律によって注意義務を課せられていない場合の注意義務を自己のためにする注意義務といっていいかと思います。

6　重過失とは

重過失とは、重大な過失をいい、著しく注意を欠いた場合をいいます。

たとえば、火薬を積載した船内でたき火をするみたいに通常では考えられない注意義務違反をさします。

7　故意、過失とは

不法行為や契約違反を理由に責任を問うときの基本的な要件の一つです。故意は、行為の結果を認識・予測している場合、過失は、行為の結果の発生が容易に認識・予測したり防止できるのに、注意を怠りある行為をした場合のことです。

床に焼けあとがある場合などにその有無が問題になります。

8　特約とは

特約というのは、民法や契約の基本的な条項に定められいること或いはいないことについて違ったことや特別の内容の定めをすることをさします。

特約で一番問題になるのが原状回復義務で、「通常損耗を含む原状に回復しなければならない」等と記載されている場合だと思います。

上記特約は「契約自由の原則」から一応有効とも解されていますが、その有効性について争いになることが多いのです。

事業者が賃料に修繕費用を転嫁（上乗せ）せず、他より安価の家賃を設定したことも考えられますが、「家賃・費用格安」の謳い文句で契約したものの退去に際して多額の費用を請求されれば賃借人はたまったものではありません。

まず、特約の合理性について検証してみましょう。

上記のように周辺同等の家賃より安価な家賃であれば、その特約の

合理性は理解できますが、他と殆ど変わらないような家賃であれば消費者契約法第10条の「消費者の利益を一方的に害するもの」に該当し無効と考えられます。

次に、家主の説明義務について検証します。

賃借人は原状回復義務について、通常どの程度の回復義務があるのか知らないのが普通でしょう。上記事例の場合、「他より安い」と思って契約したが、短期で退去した場合、トータルで他より高くついてしまったって事になりかねません。

この場合、契約書に記載があったとしても、原状回復に関する説明がなされていなければ、消費者契約法4条2項の「不利益事実の不告知」にあたり無効と考えられます。

Step-2 特約・契約条項編

合意の成立の有無や有効無効が問題になります。まずは、①合意があったといえるか？　そして、②仮に合意があったとしても、その合意は有効なのか？　の順で判断することになります。

(1) 原状回復について

Q3　原状回復とは？

私は退去時にきちんと掃除をしたものの、クロスの擦切れなどはどうしようもなかったので、そのままにして退去しました。すると、家主から「原状回復義務があるやろうに！だからクロスも入居時の状態にしろ！」とどなりつけられました。そもそも「原状回復条項」って何？この家主のいうように、「入居時の状態」に戻せっていうこと？

A…それは、家主さんの誤解です。ガイドライン等は、建物の損耗等を建物価値の減少と位置付け、①経年変化（自然損耗）及び②通常損耗による建物価値の減少と③入居者の故意・過失等による通常の使用

を超えた使用による損耗を区別し、①及び②を家主の負担、③を入居者の負担としています。

即ち、ここにいう「原状回復」とは字面の如く「入居時の状態」に戻すのではなく、「物件が契約により定められた使用方法に従い、且つ、社会通念上、通常の使用方法により使用していれば、そうなったであろう状態」にして、家主に返すことを指します。

尚、リフォームは、原状回復を超えて経年変化を回復させ、家主に賃貸物件の価値の上昇をもたらすものですから、入居者の犠牲の下に認められることはありません。

参考判例としては、以下のものがあります。

【判例3】
大阪高判平16年12月17日（平成16年（ネ）第1308号敷金返還請求控訴事件、http://www.hyogoben.or.jp/hanrei/［検索方法；兵庫県弁護士会ホームページ⇒"消費者問題 判例検索システム"］、原審；京都地判平16年3月16日・平成15年（ワ）第162号敷金返還請求事件、http://www.courts.go.jp/［検索方法；裁判所ホームページ⇒"裁判例情報"⇒"下級裁主要判決情報"］）

民法483条は、債権の目的が特定物の引渡なるときは弁済者はその引渡を為すべき時の現状にて其の物を引き渡すことを要すとし、400条は、債権の目的が特定物の引渡なるときは債務者はその引渡を為すまで善良なる管理者の注意を以て其の物を保存することを要すとし、616条の準用する594条は、借主は契約又は其の目的物の性質によりて定まりたる用法に従い其の物の使用及び収益を為すことを要すとしているから、民法は、賃貸借契約の終了に際し、借主は契約又は其の目的物の性質によりて定まりたる用法に従い其の物の使用及び収益をしている限り、返還すべき時の現状にて其の物を引き渡すべきであり、善良なる管理者の注意義務に違反した場合には損害賠償等一定の責任が生じるが、原状回復義務を負わないと規定しているといえ、判例も同趣旨と解される（最判昭和29年2月2日民集第8巻第2号321頁、同年11月18日裁判集民事16巻529頁）。また、同法616条の準用する594

条は、借主の収去権を規定しているのであって、義務に言及したものでないことは明文上明らかである。なお、原状回復義務を負うとの学説もあるが、根拠は示されていない。

（2）特約の成立の有無

Q4　特約が存在したといえるか？

家を借りていたときには、気付かなかったのですが、家を退去する時に、敷金の返還を家主に求めたところ、「通常損耗分の原状回復費用は入居者の負担とする」という特約を盾にして、敷金の返還を拒否されました。
このような特約に気付かなかった私に落ち度があったといわれれば、それまでですが、何か納得が行きません。
このような特約が認められるのでしょうか。

A…家主と入居者との間に情報の格差等、立場の優劣が明らかな場合、情報を多く有している家主としては、入居者にきちんと説明をする義務があります。

特に、本件のような場合に、特約の存在を認識していない場合には、そもそも、特約がなかったものと考えることができます。

この場合には、家主の言い分は認められないと思います。

【判例4】
大阪高判平15年11月21日（平成14年（ネ）第3509号敷金返還請求控訴事件、判例時報1853号99頁、http://www.hyogoben.or.jp/hanrei/［検索方法；兵庫県弁護士会ホームページ⇒"消費者問題 判例検索システム"］、原審；神戸地方裁判所尼崎支部平成11年（ワ）第360号敷金返還請求事件）

　特優賃法及び公庫法の規定の趣旨にかんがみると、本件特約（特優賃の契約における通常損耗分の原状回復費用を賃借人の負担とする旨の特約）の成立は、賃借人がその趣旨を十分に理解し、自由な意思に基づいてこれに同意したことが積極的に認定されない限り、安易にこれを認めるべきではない。

(3) 特約の有効性

Q5 原状回復費用の負担の特約の有効性

私は、引越のため、借りていた家を明け渡し、家主さんに対し、「納めた敷金を返して欲しい」と申し出たところ、家主さんは、「家の原状回復費用等の経費がかかった」ことを理由として、納めた敷金全額の返還請求を拒みました。

家主さんいわく、「家を借りる時に交わした契約書に原状回復特約（自然損耗及び通常の使用による損耗について賃借人に原状回復義務を負担させる特約）がある」の一点張りで、とりつくしまもありませんでしたが、このような特約は許されるのでしょうか。

A…確かに、契約自由の原則から、特約をもうけることはできるのですが、問題は、その特約の中身です。

特約が一方当事者に不利であれば、信義則に反し、その特約を主張することが許されなくなる可能性があり（民法1条2項）、その程度が甚だしい場合には、公序良俗に反し、無効（民法90条）となる可能性があります（特に、公庫融資物件や特優賃物件の場合には、その制度趣旨に照らして考えれば、公序良俗に反し、無効となる可能性が高いと思われます）。

なお、契約が平成13年4月1日以降になされたもので、入居者が消費者契約法上の「消費者」にあたり、且つ、家主が同法上の「事業者」にあたるならば、消費者契約法第10条により、無効になるかどうかも検討する必要があります。

即ち、このような原状回復義務は、そもそも消費者（入居者）の義務を重くしているといえ、原状回復特約による自然損耗等についての原状回復義務負担の合意に際し、入居者に必要な情報が与えられず、自分にとって不利益であることが十分に理解できないままになされた場合には、入居者にとって一方的に不利であるといえます。

さらに、このような原状回復特約によって、家主が自然損耗等についての原状回復費用を負担しない一方で、入居者が自然損耗等についての原状回復費用に相当する分を家賃に加えて二重に負担することを

許してしまう点でも、妥当ではありません。
　以上の点を踏まえれば、このような原状回復特約（自然損耗等についての原状回復義務を入居者が負担する特約）は、消費者（入居者）の義務を重くし、信義に反して消費者（入居者）の利益を一方的に害しているため、消費者契約法第10条により、無効であるといえます。

【判例5-1】
大阪高判平16年12月17日（前掲・判例3と同じ）
　1　本件原状回復特約は民法90条により無効か否か
　自然損耗等についての原状回復費用を賃借人の負担とすることは不当であるが、公の秩序を形成しているとまでは断定できず、したがって、本件原状回復特約がこれに反して無効であるとまではいえない。
　2　本件原状回復特約は消費者契約法10条により無効か否か
　⑴　消費者契約法の適用があるか（→判例7参照）
　⑵　本件原状回復特約は消費者契約法10条に該当するか
　ア　本件原状回復特約は、自然損耗等についての賃借人の原状回復義務を約し、賃借人がこの義務を履行しないときは賃借人の費用負担で賃貸人が原状回復できるとしているのであるから、民法の任意規定の適用による場合に比し、賃借人の義務を加重していることは明らかである。
　イ　前記のとおり、本件原状回復特約により自然損耗等についての原状回復費用を賃借人に負担させることは、賃借人の二重の負担の問題が生じ、賃貸人に不当な利得を生じさせる一方、賃借人に不利益であり、信義則にも反する。
　そして、本件原状回復特約を含む原状回復を定める条項は、退去時、住宅若しくは付属設備に模様替えその他の変更がある場合、賃貸人の検査の結果、畳、障子、襖、内壁その他の設備を修理・取り替え若しくは清掃の必要があると認めて賃借人に通知した場合には、自然損耗を含み、本件建物を賃貸開始当時の原状に回復しなければならないとされており、賃貸人が一方的に必要があると認めて賃借人に通知した場合には当然に原状回復義務が発生する態様になっているのに対し、

賃借人に関与の余地がなく、賃借人に一方的に不利益であり、信義則にも反する。

　また、居住目的の建物賃貸借契約において、消費者賃借人と事業者賃貸人との間では情報力や交渉力に差があるのが通常であり、……本件の場合、事後的に退去時に発生する原状回復費用をどのように賃料に含ませない（控除する）こととするのか、原状回復の内容をどのように想定し、費用をどのように見積もったのか、とりわけ、自然損耗等についての原状回復の内容をどのように想定し、費用をどのように見積もったか等について、賃借人に適切な情報が提供されたとはいえない。

　したがって、……、本件原状回復特約による自然損耗等についての原状回復義務を負担することと賃料に原状回復費用を含まないこととの有利、不利を判断し得る情報を欠き、適否を決することができない。このような状況でされた本件原状回復特約による自然損耗等についての原状回復義務負担の合意は、賃借人に必要な情報が与えられず、自己に不利益であることが認識できないままされたものであって、賃借人に一方的に不利益であり、信義則にも反する。

　したがって、本件原状回復特約は信義則に反して賃借人の利益を一方的に害するといえる。

　……自己が自然損耗等についての原状回復費用を出捐しないまま、自然損耗等についての原状回復費用に相当する分の二重負担という態様で賃借人に原状回復義務を負わせ、賃借人の損失の下に実現する合理性、公平性であって、同主張は、信義則に反し、正当なものといえない。

　ウ　よって、本件原状回復特約、即ち、自然損耗等についての原状回復義務を賃借人が負担するとの合意部分は、民法の任意規定の適用による場合に比し、賃借人の義務を加重し、信義則に反して賃借人の利益を一方的に害しており、消費者契約法10条に該当し、無効である。

【判例 5 - 2 】

大阪高判平17年 1 月28日（平成16年（ネ）第2217号敷金返還請求控訴事件、http://www.hyogoben.or.jp/hanrei/ ［検索方法；兵庫県弁護士会ホームページ⇒"消費者問題 判例検索システム"］、原審；京都地判平16年 6 月11日・平成15年（ワ）第2138号敷金返還請求事件）

　1　本件特約が消費者契約法10条所定の不当条項に当たるかについて

　(1)　賃貸人である控訴人が負担すべき本件貸室の自然損耗分の原状回復費用までも賃借人である被控訴人に負担させる本件特約は、賃貸人が負担すべき上記負担を、賃借人に負担させる点で、民法601条の規定に比して、消費者である被控訴人の義務を加重し、被控訴人に不利益なものであるということができる。

　(2)　自然損耗については、賃借人の保管の状態如何に関わらず発生するものであって、これについて賃借人に善管注意義務違反が生ずることはあり得ないから、自然損耗分について、善管注意義務違反に基づいて原状回復義務が生ずるものではない。

　(3)　賃料のうち、自然損耗分の原状回復費用相当分の金額を他の部分と区別して認識することはできないから、賃料に自然損耗分の原状回復費用を含ませないで賃料を定めたといっても、それはあくまでも観念的なものにすぎず、一般的に賃借人に有利であるということはできない。また、敷引きが、自然損耗分の原状回復費用であるとは一概にいえない。

　(4)　以上の次第で、本件特約は、同条により、無効であるというべきである。

　2　敷金は、賃料の支払債務その他賃借人の賃貸借契約上の債務を担保するために賃借人が賃貸人に対して交付する金銭であり、賃貸人は賃借人に賃料の未払その他の債務不履行等がある場合に限って敷金の全部又は一部をその債務の弁済に充当することができるものであるから、賃借人に賃貸借契約上の債務の不履行があること及びその数額

についての立証責任は、賃貸人にあるものと解すべきである。

コメント…特優賃における原状回復費用の負担の特約の有効性
　特優賃の場合は、特に特優賃制度の制度趣旨を重視した解釈がとられ、一般の賃貸借の場合と比べて、入居者を保護している傾向にあるといえるでしょう。

【判例5-3】
大阪高判平16年7月30日（平成15年（ネ）第2503号敷金返還請求控訴事件、判例時報1877号81頁、http://www.hyogoben.or.jp/hanrei/［検索方法；兵庫県弁護士会ホームページ⇒"消費者問題 判例検索システム"］、原審；大阪地判平15年7月18日・平成14年（ワ）第13367号敷金返還請求事件）
　特優賃貸法〔本書では特優賃と表現しています――筆者注〕は、「優良な賃貸住宅の供給を図り、もって国民生活の安定と福祉の増進に寄与する」目的で、認定事業者に対して各種の助成を行い、その反面として、罰則を含む公的規制を行うものであって、社会政策的立法といえる。
　特優賃貸法3条、特優賃貸規則13条は、供給計画の認定基準を定めるものであるが、都道府県知事による認定後は、認定事業者が認定計画に従っているかどうかは、改善命令（特優賃貸法10条）、認定の取消し（特優賃貸法11条）を行うに当たって主要な判断要素となるものであるから、認定後も供給計画の認定基準は、認定事業者の行為規範になっているものということができる。
　特優賃貸規則13条は、賃貸人は、毎月その月分の家賃を受領すること及び家賃の3月分を超えない額の敷金を受領することを除くほか、賃借人から権利金、謝金等の金品を受領し、その他賃借人の不当な負担となることを賃貸の条件としてはならない旨定めているが、賃貸借契約終了による原状回復義務の範囲に関する民法の解釈を前提に、特優賃貸法の枠組み、特優賃貸法制定前後の国会審議の状況、住宅金融

公庫法における規制内容及びその解釈の実情等を総合考慮すると、通常損耗分の原状回復義務を賃借人に負わせることは、同条の禁止する「不当な負担」に当たると解するのが相当である。

そして、通常損耗分の原状回復義務を賃借人が負わないとの解釈は、立法・行政の分野でも是とされているものであり、現に平成14年6月には前示のとおり大阪府建築都市部住宅まちづくり政策課長からの具体的な通知もされているところであるから、公法人であり、住宅の賃貸に関する業務を行うに当たり、住宅を必要とする勤労者の適正な利用が確保され、かつ、賃貸料が適正なものとなるように努めなければならない被控訴人（大阪府住宅供給公社）としては、これに沿うように努めることが当然要求されているというべきである。さらに、公営住宅として多くの特優賃貸住宅を供給している被控訴人が、住宅を必要とする勤労者との関係では優越的な地位にあることも明らかである。

このような立場にある被控訴人が、賃借人との間で、通常損耗分を含めた原状回復義務を賃借人に負担させることを内容とする契約書を一方的に定め、これにより一律に契約を締結して、賃借人に対して不当な負担をさせることは、上記立法・行政における動向などをも考慮すると、本件賃貸借契約締結時はともかくとして、遅くとも数次の契約期間の更新を経た平成14年6月ごろには、特優賃法等の規制を著しく逸脱し、社会通念上も容認し難い状態になっていたと認めるのが相当であるから、その限度で本件負担特約は公序良俗に違反し無効になるというべきである。

Q6 敷引特約の有効性

敷引特約は、消費者契約法第10条によると、無効とならないのですか。

A…かつては、敷引特約そのものに踏み込んだ判断はあまりなされませんでしたが、最近では、「敷引特約が一方的なものであり、入居者に必要以上な負担を強いるものであるのみならず、そのような特約に

合理性がない」として、無効と解する判例も出てきました。

【判例6】

神戸地判平17年7月14日（平成16年（レ）第109号保証金返還請求控訴事件、http://www.hyogoben.or.jp/hanrei／［検索方法；兵庫県弁護士会ホームページ⇒"消費者問題 判例検索システム"]、原審；神戸簡判平16年11月30日・平成16年（ハ）第10756号保証金返還請求事件）

　1　義務の加重

　賃貸借契約は、賃貸人が賃借人に対して目的物を使用収益させる義務を負い、賃借人が賃貸人に対して目的物の使用収益の対価として賃料を支払う義務を負うことによって成立する契約であり（民法601条）、賃貸目的物の使用収益と賃料の支払が対価関係にあることを本質的な内容とするものである。

　そして、民法上、賃借人に賃料以外の金銭的負担を負わせる旨の明文の規定は存しない。

　そうすると、民法において、賃借人が負担する金銭的な義務としては、賃料以外のものを予定していないものと解される（ただし、賃借人に債務不履行がある場合は、別である。）。

　また、学説や判例の集積によって一般的に承認された不文の任意法規や契約に関する一般法理によっても、敷引特約が確立されたものとして一般的に承認されているということはできない。

　したがって、賃借人に賃料以外の金銭的負担を負わせる内容の本件敷引特約は、賃貸借契約に関する任意規定の適用による場合に比し、賃借人の義務を加重するものと認められる。

　2　信義則違反

　ア　本件敷引金の性質

　関西地区での不動産の賃貸借契約においては、敷金、保証金などの名目で一時金の授受が行われた際、賃貸借契約終了時に敷金又は保証金から一定金額（敷引金）を返還しない旨の合意（敷引特約）がされることが多い。

この敷引金の性質について、一般的には、①賃貸借契約成立の謝礼、②賃貸目的物の自然損耗の修繕費用、③賃貸借契約更新時の更新料の免除の対価、④賃貸借契約終了後の空室賃料、⑤賃料を低額にすることの代償などと説明されている。

　ところで、敷引金の性質について当事者の明確な意思が存する場合はともかく、そのような明確な意思が存しない場合には敷引金の性質を特定のものに限定してとらえることは困難であるから、その敷引金の性質は、上記①ないし⑤などのさまざまな要素を有するものが渾然一体となったものととらえるのが相当である。

　これを本件についてみるに、控訴人と被控訴人の間で、本件敷引金の性質について明確な意思が存するものではないので、本件敷引金の性質については、上記①ないし⑤などのさまざまな要素を有するものが渾然一体となったものと解さざるを得ない。

　イ　上記①ないし⑤の各要素の検討
　(ｱ)　①賃貸借契約成立の謝礼
　賃貸借契約成立の際、賃借人のみに謝礼の支出を強いることは、賃借人に一方的な負担を負わせるものであり、正当な理由を見いだすことはできない。

　そして、賃貸借契約は、賃貸目的物の使用収益と賃料の支払が対価関係に立つ契約であり―賃貸人としては、目的物を使用収益させる対価として賃料を収受することができるのであるから、賃料とは別に賃貸借契約成立の謝礼を受け取ることができないとしても、何ら不利益を被るものではない。

　(ｲ)　②賃貸目的物の自然損耗の修繕費用
　賃貸借契約は、賃貸目的物の使用収益と賃料の支払が対価関係に立つ契約であるから、目的物の通常の使用に伴う自然損耗の要する修繕費用は考慮された上で賃料が算出されているものといえる。

　そうすると、賃借人に賃料に加えて敷引額の負担を強いることは、賃貸目的物の自然損耗に対する修繕費用について二重の負担を強いることになる。

これに対し、賃貸人は、賃料から賃貸目的物の自然損耗の修繕費用を回収することができるのであるから、別途敷引金を受け取ることができないとしても、何ら不利益を被るものではない。
　(ｳ)　③賃貸借契約更新時の更新料の免除の対価
　賃貸借契約において、賃借人のみが賃貸借契約の更新料を負担しなければならない正当な理由を見いだすことはできず、しかも、賃借人としては、賃貸借契約が更新されるか否かにかかわらず、更新料免除の対価として敷引金の負担を強いられるのであるから、不合理な負担といわざるを得ない。
　一方、賃貸人としては、賃貸借契約が更新された後も、目的物を使用収益させる対価として賃料を受け取ることができるのであるから、賃料とは別に賃貸借契約の更新料を受け取ることができないとしても、不利益を被るものではない。
　(ｴ)　④賃貸借契約終了後の空室賃料
　賃貸借契約は、賃貸目的物の使用収益と賃料の支払が対価関係に立つ契約であり、賃借人が使用収益しない期間の空室の賃料を支払わなければならない理由はないから、これを賃借人に負担させることは一方的で不合理な負担といわざるを得ない。
　一方、賃貸人としては、新たな賃借人が見つかるまでの期間は賃料を収受することができないが、それは自らの努力で新たな賃借人を見つけることによって回避すべき問題であり、その不利益を賃借人に転嫁させるべきものではない。
　(ｵ)　⑤賃料を低額にすることの代償
　敷引特約が付されている賃貸借契約において、賃借人が敷引金を負担することにより、目的物の使用の対価である賃料が低額に抑えられているのであれば、敷引金は目的物の使用の対価としての賃料の性質をも有するから、直ちに賃借人の負担が増大するものとはいえない。
　しかし、賃料の減額の程度が敷引金に相応するものでなければ、実質的には賃借人に賃料の二重の負担を強いることにもなるところ、本件において、賃料の減額の程度が敷引金に相応するものであるかは判

然としない。

　また、本来、賃借人は、賃貸期間に応じて目的物の使用収益の対価を負担すべきものであるから、賃貸期間の長短にかかわらず、敷引金として一定額を負担することに合理性があるとは思えない。

　さらに賃借人は、敷引特約を締結する際、賃貸期間について明確な見通しがあるわけではなく、また、敷引金の負担によりどの程度賃料が低額に抑えられているのかという情報を提供されない限り、敷引金の負担により賃料が低額に抑えられることの有利、不利を判断することも困難である。

　一方、賃貸人としては、目的物の使用収益の対価を適正に反映した賃料を設定すれば足りるのであるから、敷引金を受け取ることができなくても不利益を被るものではない。

　ウ　まとめ

　以上で検討したとおり、本件敷引金の①ないし⑤の性質から見ると、賃借人に本件敷引金を負担させることに正当な理由を見いだすことはできず、一方的で不合理な負担を強いているものといわざるを得ない。そして、本件敷引金に上記①ないし⑤で検討した以外に、賃借人に賃料に加えて本件敷引金の負担を強いることに正当な理由があることを裏付けるような要素があるとも考え難い。

　さらに、敷引特約は、賃貸目的物件について予め付されているものであり、賃借人が敷引金の減額交渉をする余地はあるとしても、賃貸事業者（又はその仲介業者）と消費者である賃借人の交渉力の差からすれば、賃借人の交渉によって敷引特約自体を排除させることは困難であると考えられる。

　これに加え、上記のとおり、関西地区における不動産賃貸借において敷引特約が付されることが慣行となっていることからしても、賃借人の交渉努力によって敷引特約を排除することは困難であり、賃貸事業者が消費者である賃借人に敷引特約を一方的に押しつけている状況にあるといっても過言ではない。

　以上で検討したところを総合考慮すると、本件敷引特約は、信義則

に違反して賃借人の利益を一方的に害するものと認められる。

　3　したがって、本件敷引特約は、賃貸借契約に関する任意規定の適用による場合に比し、賃借人の義務を加重し、信義則に反して賃借人の利益を一方的に害するものであるから、消費者契約法10条により無効である。

コメント…この判決は、敷引の性質につき、神戸地判平7年8月8日（判例12―3）の渾然一体説を前提に判断しているものの、敷引特約が当事者（家主・入居者）を拘束することの是非については、消費者契約法の趣旨に照らして判断し、「消費者」である入居者を救済している点に特徴があるといえます。

　ちなみに、消費者契約法施行（平成13年4月1日）前は、同法に基づいた救済ができなかったため、入居者が泣き寝入りすることもしばしばありました（判例12―2、判例12―3参照）。

Q7　消費者契約法施行後に契約更新があり、原状回復費用の負担の特約がある場合

平成13年8月に、契約の更新があり、最近になってようやく退去することになったため、敷金の返還を求めたところ、家主は、「原状回復費用の入居者負担」の特約を盾に敷金から相当額を差し引くと言ってきました。

このようなことが果たして認められるのでしょうか。

A…契約の更新が消費者契約法施行後（平成13年4月1日以降）であれば、消費者契約法の適用の領域にあります。

　本件についていえば、それが消費者（入居者が消費者であることが大前提）にとって、著しく不当な条項であると判断されるものであれば、消費者契約法10条の問題となり、無効と解されることでしょう。

【判例7】
大阪高判平16年12月17日（前掲・判例3と同じ）

　本件更新合意は、当事者間の合意による約定、即ち契約であることはもとより、本件覚書では、今後の賃貸期間を定めるだけでなく、賃

料及び共益費の改訂並びに新たな特約条項の設定を行うこともあり得ることが想定されたうえ、改訂されなかった契約条項については従前の契約どおりとすることが定められているのであって、本件更新合意により従前の賃貸借契約と同一条件（本件更新合意では契約条項の改訂はなかった。）の新たな賃貸借契約が成立したといえる。

　以上によれば、消費者契約法の施行後である平成13年7月7日に締結された本件更新合意（但し、本件覚書によれば、更新の効力は同月1日をもって生じさせる趣旨と認められる。）によって、同月1日をもってあらためて本件建物の賃貸借契約が成立し、控訴人及び被控訴人は、同法を前提として賃貸借契約をするか否かを含め、その内容をどうするか等を判断し得たのであるから、更新後の賃貸借契約には消費者契約法の適用がある。

　控訴人は、敷金契約の独立性や金銭交付の有無を強調して、本件更新合意の際、本件原状回復特約が合意の対象とされておらず、平成10年7月1日当時の契約のままであるとして、消費者契約法の適用がないとするが、上記のとおり、この点も含め「原契約通りとする」のであるから、合意の対象としている。また、当初の賃貸借契約においては、本件原状回復特約による自然損耗等についての原状回復義務を含めた賃貸人の原状回復義務として、本件建物を賃貸開始当時である平成10年7月1日の原状に回復するとの合意がされ、本件更新合意の際には、平成10年7月1日の原状に回復をしないことを当然の前提として、敷金全額の返還を省略した上、敷金の新たな交付をしないとの合意の下に、次の退去時に賃貸開始当時である平成10年7月1日の原状に回復するとの合意がされたというべきであるから、その旨の新たな合意がされているのであり、控訴人は、同法を前提にして、適当な措置を取り、又は、適当なる申し出をすることもできたのであって、主張は採用できない。

Step-3 家主の変更編

　売買、買受（競落）、相続、担保のために家主が変わることがあります。また、どの時点で賃貸借契約が終了していたかなどでも、敷金（保証金）返還の取扱が変わることがあります。くれぐれも注意してください。

Q8　競売があった場合などには誰に保証金の返還を請求したらよいか？
何か知らないけど、前の家主さんが住宅ローンの支払に行き詰まったせいか、借りている家が、競売にかかってしまって、家主さんが変わってしまいました。その場合、保証金を返してもらうためには、誰に言ったらいいの？やはり、最初に渡した人かなぁ？

A…普通は、住宅ローンの抵当権設定後に貸借したのでしょうから、新しい家主には対抗できないので、新しい家主には敷金返還を請求できません。対抗できる場合には、やはり建物の所有権が移ることに伴って、家主さんの地位も移ると考えますので、新しく家主となった人が引き継ぐことになります。したがって、新しく家主となった人に返してもらえばよいでしょう（本書112頁「4　建物の競売」以下参照）。

コメント…保証金が建設協力金の性質を有している場合は次のような判例があります。

【判例8-1】
東京地判平7年8月24日（平成6年（ワ）第22047号保証金返還確認請求事件、判例タイムズ904号156頁）
　本件建物が貸事務所又は店舗であること、本件建物新築時期と本件保証金授受の時期及びその金額、本件保証金及びこれと同時に別途差し入れられた敷金についての各返還約定の内容の対比、とりわけ本件保証金については一定の据置期間経過後に10年間で原告に返還される

べきことが合意されていたこと等を総合して考えると、本件保証金は、その権利義務に関する約定が前記のとおり賃貸借契約書の中に記載されてはいるけれども、前記の如き建設協力金として、右賃貸借契約とは別個に消費貸借の目的とされたものというべきであり、しかも、前記返還約定の内容からみても、賃貸借契約の存続と密接な関係に立つ敷金とはその本質を異にするものといわなければならない。そして、原告においては、本件保証金につき、新所有者が当然にその返還債務を承継すべきものとする取引上の慣習等の成立については十分な主張、立証はないから、本件建物の所有権移転に伴って、本件保証金返還債務が敷金のように当然に新所有者に承継されるものとは認められないというべきである。

コメント…明渡しも済み、現実に保証金返還義務が発生した後に所有者が変わった場合について判断しているのが次の判例です。

【判例8-2】
最判昭48年3月22日（裁判集民事108巻479頁、金融法務事情685号26頁）

　建物の賃貸借に際し賃借人が賃貸人に差し入れた保証金の返還義務は、その返還義務が具体化した後に譲渡により建物の所有者となった者には承継されない。

Q9　家主が死亡した場合の敷金の返還について
借家を退去し、敷金を返してもらおうと家主さんのもとを訪ねたら、家主さんが亡くなられていて、その家主さんの子どもと妻がいたため、妻に敷金を返してもらうように言ったところ、「私の相続分は半分だから、半分しか返せない」と言われました。あとの半分は請求できないのでしょうか？

A…家主が亡くなった場合には、敷金返還債務は相続人に相続されます。そこで、問題なのが、敷金返還債務は相続分に応じて割ることが

できるかです。この点、次の判例は、不可分債務としていますので、その妻は全額支払ねばなりません。
【判例9】
大阪高判昭54年9月28日（昭和54年（ネ）第346号保証金返還請求事件、判例時報954号40頁、判例タイムズ401号81頁、原審；大阪地方裁判所昭和53年（ワ）第783号保証金返還請求事件）
　建物の賃貸借における貸主の地位を承継した相続人らの賃借人に対する保証金（敷金）返還債務は不可分債務である。

Q10　家が担保（譲渡担保）に入れられたら、敷金はどうなる？
私の知らないうちに、家主が勝手に借家を譲渡担保に供し、その挙げ句に家を他の人（債権者）に取られてしまいました。この場合、敷金を返してもらうためには、誰に言えばいいのでしょうか。

A…譲渡担保により借家の所有権が移転したのであれば、家の所有権を取得した者（つまり債権者）が敷金関係を受け継いだ形になるから、その者に返してもらうべきです。

【判例10】
東京地判平2年11月5日（昭和63年（ワ）第15285号敷金返還等請求事件、金融法務事情1288号34頁、金融・商事判例871号18頁）
　建物の賃貸借が存続中に建物所有権が譲渡された場合において、賃借人が旧所有者に差し入れていた敷金は、賃借人がその賃借権を新所有者に対抗できるときには、新所有者に当然に承継される（最判昭和44年7月17日・民集23巻8号1610頁）が、この理は、譲渡担保に基づき建物所有権が移転し、譲渡担保権者がその所有権移転登記を受けた後に賃貸借が終了した場合にも妥当し、譲渡担保権者は、右登記を経た後は、譲渡担保についての清算が未了であり、担保設定者との間では確定的に所有権を取得していないことを理由として、敷金の返還義務を免れることができないと解すべきである。所有権移転登記を経た譲渡担保権者は、清算手続が未了であり、設定者との間では確定的に所有権を取得していないことを理由に、それまでに終了した建物賃貸

借の賃借人に対する敷金返還義務を免れることができない（なお、その場合における担保設定者（旧所有者）の敷金返還義務は、消滅するのではなく、譲渡担保権者と重畳的にこれを負担すると解するのが相当である。）。

Step-4 敷金返還請求権の譲渡編

Q11 敷金の権利の譲渡が禁止されているのにもかかわらず、譲渡したら？
確か、契約書では、敷金返還請求権の譲渡が禁止されていたと思うのですが、契約終了後であれば、問題ないと思って、お金が欲しいと思っていたこともあって、つい知人に譲渡してしまいました。すると、その譲り受けた知人から「この前の件、本当に大丈夫だろうな」という感じで念を押されましたが、何だか不安になってきました。本当に大丈夫なのでしょうか。

A …敷金返還債権の譲渡禁止特約は、当事者間の信頼関係を必要とする賃貸借契約が存続していることを前提とした規定ですので、賃貸借契約終了後も依然として生きているとはいえません。したがって、契約終了後であれば、譲渡しても問題ありません。

【判例11】
東京高判平7年7月27日（平成3年（ネ）第4576号敷金返還等請求控訴事件、判例タイムズ910号157頁、原審；東京地判平3年12月19日・平成3年（ワ）第4735号敷金返還等請求事件）

　本件敷金返還債権についての譲渡禁止特約の対抗関係を検討すると、本件譲渡禁止特約は、本件賃貸借契約書中に当該特約の占める位置及びその文言からして、当事者間の信頼関係を必要とする賃貸借契約が存続していることを前提とした約定であって、賃貸借契約が終了した後まで効力を有するものとは解されない。しかるところ、本件債権譲渡は、本件賃貸借契約が終了した後、その対象となった前記各債権を譲渡したものであって、敷金返還債権も既に具体的に発生してい

た残額の返還債権を譲渡したものであるから、本件譲渡禁止特約によって、その譲渡が制限されることはなく、被控訴人の本件譲渡禁止特約に対する認識の有無及び過失の有無・程度を検討するまでもなく、控訴人が被控訴人に対し敷金返還債権の譲渡が禁止されていた旨を対抗する余地はないものというべきである。

Step-5 被災住宅編（阪神・淡路大震災関連）

Q12　災害で借家が壊れた場合の敷金は全部返ってくるか？

私が借りていた家は、このたび、災害でなくなってしまいました。そこで、家主さんに私が差し入れた敷金が返ってくるのかどうか聞いてみたところ、「敷引分を除いてなら返すことはできる」と言われました。

このように家がなくなった場合でも、家主さんの言われるとおり、敷引分は返ってこないのでしょうか。

A…敷引をどのようなものとして契約したかにもよりますが、敷引の中に礼金的要素がなければ、次に家を貸すこともなく、ましてや家の修繕費を入居者が負担するなどは考えられませんから、この場合には、敷引部分も含めて全額返すべきようです。

【判例12-1】
最判平10年9月3日（平成9年（オ）第1446号保証金返還請求事件、民集52巻6号1467頁判例タイムズ985号131頁）

敷引特約がされた場合において、災害により賃借家屋が滅失し、賃貸借契約が終了したときは、特段の事情がない限り、敷引特約を適用することはできず、賃貸人は賃借人に対し敷引金を返還すべきものと解するのが相当である。けだし、敷引金は個々の契約ごとに様々な性質を有するものであるが、いわゆる礼金として合意された場合のように当事者間に明確な合意が存する場合は別として、一般に、賃貸借契約が火災、震災、風水害その他の災害により当事者が予期していない

時期に終了した場合についてまで敷引金を返還しないとの合意が成立していたと解することはできないから、他に敷引金の不返還を相当とするに足りる特段の事情がない限り、これを賃借人に返還すべきものであるからである。

（参照、次の判例12-2が本件の原審）

【判例12-2】
大阪高判平9年5月7日（平成8年（ネ）第2947号保証金返還請求控訴事件、民集52巻6号1488頁、原審；神戸地尼崎支判平8年9月27日・平成8年（ワ）第458号保証金返還請求事件）

　敷引条項により敷金から控除される金額は、一般に、賃貸借契約成立についての謝礼、建物の通常の使用に伴って必要となる修繕費用等さまざまな性質を持つものと思われるが、このような敷引条項も、その適用される場合や控除される金額等からみて、一方的に賃借人に不利益なものであるとか、信義則上許されず、また、公序良俗に反するものであるとかいう場合でない限り、有効なものと解するのが相当である。

コメント…判例12-3は判例12-2のベースともなった敷引の解釈を示したものです。敷引の性質が渾然一体説である点は、現在も変わりありませんが、ただ、この判例が出た当時は、消費者契約法のような法律がなかったため、入居者（消費者）側にとっては不利な解釈であったともいえるでしょう。

【判例12-3】
神戸地判平7年8月8日（平成7年（ワ）第193号保証金等返還請求事件、判例タイムズ896号168頁）

　敷引きされる金額は、賃貸借契約成立の謝礼、賃料を相対的に低額にすることの代償、契約更新時の更新料、借主の通常の使用に伴う建物の修繕に要する費用、空室損料等、さまざまな性質を有するものが

渾然一体になったものとして、当事者間で、これを貸主に帰属させることをあらかじめ合意したと解するのが相当である。
　従って、賃貸借契約直後に天変地異があったなど借主が賃貸借契約締結の目的を全く達成していないと認めるに足りる特段の事情のない限り、貸主及び借主の双方の責めに帰さない事由によって賃貸借契約が終了する場合には、敷引きされることを予定されていた金額は、すべて貸主に帰属すると解するのが相当である。

Step-6　更新料編

Q13　更新料は支払わなければならないか？

私の借家に関する契約の内容として、「更新料」の支払というのがありますが、家賃を支払わなければならない上、「更新料」も支払わなければならないのでしょうか。どうも納得がいきません。

A…更新料を支払うべきか支払う必要がないのかは、見解が分かれています。但し、更新料の支払いに合理性がある場合を除き、支払わなくてもよいと思われます。詳しくは、以下の判例を参考にしてください（大きく分けて3つになります）。

【判例13-1】
京都地判平16年5月18日（平成15年（ワ）第3803号更新料等請求事件、http://www.courts.go.jp/［検索方法；裁判所ホームページ⇒"裁判例情報"⇒"下級裁主要判決情報"］）

　建物の賃貸借契約（借家契約）における更新料等を支払う旨の約定が、合意更新の場合のみならず、法定更新にも適用されるかどうかは、それぞれの契約において、契約書の文言のみならず、契約をめぐる様々な事情を考慮して、判断すべきものである。しかし、借地借家法26条、28条、30条の趣旨に照らすと、当事者の意思が、法定更新の場合にも更新料等を支払う旨の約定が適用されるものであることが明らかであったり、それについて合理的な理由がある場合を除いては、法

定更新の場合にも適用を認めることには慎重であるべきである。ところで、合意更新の場合には、新たな契約書の作成等の一定の費用がかかることは容易に推認することができるが、法定更新の場合には更新手続に費用がかかるとは通常考えられない（合意更新のための協議を行う費用等は、法定更新に要する手続費用とは認め難い。）。したがって、本件更新約定のうち、更新手数料に関するものは、合意更新を前提とした約定と認めるのが相当であり、これと同一の「更新」の場合に約定である更新料に関する部分も合意更新を前提にしたものと認めるのが合理的である。また、合意更新の場合には、更新料を支払うことによって、期間の定めのある賃貸借契約として、更新されるから、契約期間の満了までは明渡しを求められることがなく、次回の更新を拒絶された場合であっても、その正当事由の存否の判断においては、更新料が支払われていることが、正当事由の存在を否定する考慮要素となる。これに対し、法定更新の場合には、更新後の賃貸借契約は、期間の定めのないものとなり、賃貸人はいつでも解約を申し入れることができ、その分、賃借人の立場は不安定なものとなるから、賃借人にとっても、更新料を支払って合意更新する一定の利益は存することになる。この点を考慮すると、合意更新の場合と法定更新の場合で、更新料の支払の要否について差が生じても、不合理とも賃借人間で不公平が生じるとも直ちには言い難く、むしろ、法定更新についても更新料の支払を要するとすることには、借地借家法26条、28条、30条の趣旨に照らしても合理性が少ないというべきである。

【判例13-2】
東京地判平4年1月8日（平成3年（ワ）第467号建物賃料改定等請求事件、判例タイムズ825号260頁）

　一般に賃料補充説（更新料を賃料の不足を補充するためのものであるとの考え方）に立てば、法定更新と合意更新とを区別すべき合理的な理由はないことになるが、そのように推定すべき経験則は認められず、かえって、適正賃料の算定に当たっては、更新料の支払いの有無は必ずしも考慮されておらず、また実質的に考えても、賃貸借の期間

中も不相当になれば賃料の増減請求はできるのであるから、敢えて更新料により賃料の不足を補充する必要性は認められないのに対し、賃貸人は更新を拒絶することにより、いつでも期間の定めのない契約に移行させることができ、その場合は、期間の経過を待たずに、正当事由さえ具備すれば明渡しを求めることができるのであるから、賃借人においては、更新料を支払うことによりその不利益を回避する利益ないし必要性が現実に認められることなどを総合考慮すると、特段の事由がない限り、更新時に更新料を支払うというのみの合意には、法定更新の場合を含まないと解するのが相当である。

【判例13-3】
東京地判平4年9月25日（平成3年（ワ）第10359号建物明渡請求事件、判例タイムズ825号258頁）

　約定更新料の支払いが賃料の前払い的性格を有するものとしてその支払いを有効と認める以上、著しく不公正となる場合を除いて、原則的には、更新料の支払い約定の履行は、法定更新の場合においても、信義誠実を旨とする契約原則に相応しいものであり、公平の原則に合致するものであると思料し、したがって、法定更新の場合でも、約定に反して約定更新料を支払わないのは、契約上の信義則違反として解除の対象となる場合もあると解するのを相当とする。しかしながら、支払われるべき更新料が慣行として認められている額を超えているとか、賃貸人と賃借人が公平な関係になく、適正な更新料と認められない場合は、更新料を支払う義務はないものというべきである（多くの場合、合意更新においては更新料の支払いをもって合意が成立するから、問題が生じるのは法定更新の場合であることが推定される。）。

Q14　更新料を支払わなかった場合は？

　私が家を借りる際の契約の規定として、「更新料の支払」に関するものがありますが、納得がいかなかったため、しばらく放っております。この場合、どうなるのでしょうか。

　A…これも更新料をどう考えるかによりわかれます。すなわち、更新

料を「家賃の一部前払」と考えれば、「更新料の未払＝家賃の未払」となることから、家主から契約を解除され、挙げ句の果てには、出て行かなければならない可能性があります。

　ところが、最近では、更新料の支払を否定する判例も出ており、これによれば必ずしも有効な解除理由とならないことに注意が必要です。解除されるものとはいえません。この辺りは大変判断に迷うところではあります。

【判例14】
東京地判平5年8月25日（平成3年（ワ）第11411号店舗明渡請求事件、判例タイムズ865号213頁）

　更新料支払の合意も、更新料の額が不相当に高額で、賃借人にとって借家法2条による法定更新を不可能又は著しく困難ならしめるようなものでない限り、借家法6条により無効とされるべき賃借人に不利な特約に該当するものとはいえないと解するのが相当である。

　①賃貸借が期間満了後も継続されるという点では、法定更新も合意更新も異なるところはなく、右文言上も、更新の事由を合意の場合のみに限定しているとまでは解されないこと、②本件賃貸借の契約書では、法定更新の場合にも、契約書の定めが適用されるものとしていること、③右更新料は、実質的には更新後の賃料の一部の前払いとしての性質を有するものと推定されること、④当事者双方とも契約の更新を前提としながら、更新後の新賃料の協議が調わない間に法定更新された場合には、賃借人が更新料の支払義務を免れるとすると、賃貸人との公平を害するおそれがあることなどを総合考慮すると、本件賃貸借においては、法定更新の場合にも更新料の支払いを定めた前記条項の適用があり、被告はその支払義務を免れないと解するのが相当である。したがって、被告は、本件賃貸借が法定更新されたことにより、更新後の賃料（少なくとも更新前の賃料と同額）の支払い義務を負ったものというべきであり、右更新料が賃料の一部としての実質を有していることからすると、被告が右更新料を支払わないことは賃貸借契約上の重要な債務の不履行であり、解除の原因となると解すべきである。

第6部

敷金トラブル解決法

資料

法令
原状回復をめぐるトラブルとガイドライン

[国土交通省住宅局]

法　令

＊法令は関連条文のみを掲載する。
【民法】（明治29年4月27日法律第89号。全面改正平成16年12月1日、同施行日平成17年4月1日）

第1編第2編第3編

（基本原則）
第1条　私権は、公共の福祉に適合しなければならない。
2　権利の行使及び義務の履行は、信義に従い誠実に行わなければならない。
3　権利の濫用は、これを許さない。
（公序良俗）
第90条　公の秩序又は善良の風俗に反する事項を目的とする法律行為は、無効とする。
（任意規定と異なる意思表示）
第91条　法律行為の当事者が法令中の公の秩序に関しない規定と異なる意思を表示したときは、その意思に従う。
（特定物の引渡しの場合の注意義務）
第400条　債権の目的が特定物の引渡しであるときは、債務者は、その引渡しをするまで、善良な管理者の注意をもって、その物を保存しなければならない。
（賃貸借）
第601条　賃貸借は、当事者の一方がある物の使用及び収益を相手方にさせることを約し、相手方がこれに対してその賃料を支払うことを約することによって、その効力を生ずる。
（賃貸物の修繕等）
第606条　賃貸人は、賃貸物の使用及び収益に必要な修繕をする義務を負う。
2　賃貸人が賃貸物の保存に必要な行為をしようとするときは、賃借人は、これを拒むことができない。
（賃借人の意思に反する保存行為）
第607条　賃貸人が賃借人の意思に反して保存行為をしようとする場合において、そのために賃借人が賃借をした目的を達することができなくな

るときは、賃借人は、契約の解除をすることができる。
(賃借人による費用の償還請求)
第608条　賃借人は、賃借物について賃貸人の負担に属する必要費を支出したときは、賃貸人に対し、直ちにその償還を請求することができる。
2　賃借人が賃借物について有益費を支出したときは、賃貸人は、賃貸借の終了の時に、第196条第2項の規定に従い、その償還をしなければならない。ただし、裁判所は、賃貸人の請求により、その償還について相当の期限を許与することができる。
(賃借人の通知義務)
第615条　賃借物が修繕を要し、又は賃借物について権利を主張する者があるときは、賃借人は、遅滞なくその旨を賃貸人に通知しなければならない。ただし、賃貸人が既にこれを知っているときは、この限りでない。
(使用貸借の規定の準用)
第616条　第594条第1項、第597条第1項及び第598条の規定は、賃貸借について準用する。
(借主による使用及び収益)
第594条　借主は、契約又はその目的物の性質によって定まった用法に従い、その物の使用及び収益をしなければならない。
2　借主は、貸主の承諾を得なければ、第三者に借用物の使用又は収益をさせることができない。
3　借主が前二項の規定に違反して使用又は収益をしたときは、貸主は、契約の解除をすることができる。
(借用物の返還の時期)
第597条　借主は、契約に定めた時期に、借用物の返還をしなければならない。
2　当事者が返還の時期を定めなかったときは、借主は、契約に定めた目的に従い使用及び収益を終わった時に、返還をしなければならない。ただし、その使用及び収益を終わる前であっても、使用及び収益をするのに足りる期間を経過したときは、貸主は、直ちに返還を請求することができる。
3　当事者が返還の時期並びに使用及び収益の目的を定めなかったときは、貸主は、いつでも返還を請求することができる。
(借主による収去)
第598条　借主は、借用物を原状に復して、これに附属させた物を収去することができる。

（賃貸借の更新の推定等）
第619条　賃貸借の期間が満了した後賃借人が賃借物の使用又は収益を継続する場合において、賃貸人がこれを知りながら異議を述べないときは、従前の賃貸借と同一の条件で更に賃貸借をしたものと推定する。この場合において、各当事者は、第617条の規定により解約の申入れをすることができる。
2　従前の賃貸借について当事者が担保を供していたときは、その担保は、期間の満了によって消滅する。ただし、敷金については、この限りでない。

【借地借家法】（平成3年10月4日法律第90号）

第一節　建物賃貸借契約の更新等
（建物賃貸借契約の更新等）
第26条　建物の賃貸借について期間の定めがある場合において、当事者が期間の満了の一年前から六月前までの間に相手方に対して更新をしない旨の通知又は条件を変更しなければ更新をしない旨の通知をしなかったときは、従前の契約と同一の条件で契約を更新したものとみなす。ただし、その期間は、定めがないものとする。
2　前項の通知をした場合であっても、建物の賃貸借の期間が満了した後建物の賃借人が使用を継続する場合において、建物の賃貸人が遅滞なく異議を述べなかったときも、同項と同様とする。
3　建物の転貸借がされている場合においては、建物の転借人がする建物の使用の継続を建物の賃借人がする建物の使用の継続とみなして、建物の賃借人と賃貸人との間について前項の規定を適用する。
（建物賃貸借契約の更新拒絶等の要件）
第28条　建物の賃貸人による第26条第1項の通知又は建物の賃貸借の解約の申入れは、建物の賃貸人及び賃借人（転借人を含む。以下この条において同じ。）が建物の使用を必要とする事情のほか、建物の賃貸借に関する従前の経過、建物の利用状況及び建物の現況並びに建物の賃貸人が建物の明渡しの条件として又は建物の明渡しと引換えに建物の賃借人に対して財産上の給付をする旨の申出をした場合におけるその申出を考慮して、正当の事由があると認められる場合でなければ、することができない。
（強行規定）

第30条　この節の規定に反する特約で建物の賃借人に不利なものは、無効とする。
第二節　建物賃貸借の効力
（造作買取請求権）
第33条　建物の賃貸人の同意を得て建物に付加した畳、建具その他の造作がある場合には、建物の賃借人は、建物の賃貸借が期間の満了又は解約の申入れによって終了するときに、建物の賃貸人に対し、その造作を時価で買い取るべきことを請求することができる。建物の賃貸人から買い受けた造作についても、同様とする。
2　前項の規定は、建物の賃貸借が期間の満了又は解約の申入れによって終了する場合における建物の転借人と賃貸人との間について準用する。

【消費者契約法】（平成12年5月12日法律第61号）

（消費者の利益を一方的に害する条項の無効）
第10条　民法、商法その他の法律の公の秩序に関しない規定の適用による場合に比し、消費者の権利を制限し、又は消費者の義務を加重する消費者契約の条項であって、民法第1条第2項に規定する基本原則に反して消費者の利益を一方的に害するものは、無効とする。

【民事訴訟法】（平成8年6月26日法律109号）

第六編　少額訴訟に関する特則

（少額訴訟の要件等）
第368条　簡易裁判所においては、訴訟の目的の価額が60万円以下の金銭の支払の請求を目的とする訴えについて、少額訴訟による審理及び裁判を求めることができる。ただし、同一の簡易裁判所において同一の年に最高裁判所規則で定める回数を超えてこれを求めることができない。
2　少額訴訟による審理及び裁判を求める旨の申述は、訴えの提起の際にしなければならない。
3　前項の申述をするには、当該訴えを提起する簡易裁判所においてその年に少額訴訟による審理及び裁判を求めた回数を届け出なければならな

い。
（反訴の禁止）
第369条　少額訴訟においては、反訴を提起することができない。
（一期日審理の原則）
第370条　少額訴訟においては、特別の事情がある場合を除き、最初にすべき口頭弁論の期日において、審理を完了しなければならない。
2　当事者は、前項の期日前又はその期日において、すべての攻撃又は防御の方法を提出しなければならない。ただし、口頭弁論が続行されたときは、この限りでない。
（証拠調べの制限）
第371条　証拠調べは、即時に取り調べることができる証拠に限りすることができる。
（証人等の尋問）
第372条　証人の尋問は、宣誓をさせないですることができる。
2　証人又は当事者本人の尋問は、裁判官が相当と認める順序でする。
3　裁判所は、相当と認めるときは、最高裁判所規則で定めるところにより、裁判所及び当事者双方と証人とが音声の送受信により同時に通話をすることができる方法によって、証人を尋問することができる。
（通常の手続への移行）
第373条　被告は、訴訟を通常の手続に移行させる旨の申述をすることができる。ただし、被告が最初にすべき口頭弁論の期日において弁論をし、又はその期日が終了した後は、この限りでない。
2　訴訟は、前項の申述があった時に、通常の手続に移行する。
3　次に掲げる場合には、裁判所は、訴訟を通常の手続により審理及び裁判をする旨の決定をしなければならない。
一　第368条第1項の規定に違反して少額訴訟による審理及び裁判を求めたとき。
二　第368条第3項の規定によってすべき届出を相当の期間を定めて命じた場合において、その届出がないとき。
三　公示送達によらなければ被告に対する最初にすべき口頭弁論の期日の呼出しをすることができないとき。
四　少額訴訟により審理及び裁判をするのを相当でないと認めるとき。
4　前項の決定に対しては、不服を申し立てることができない。
5　訴訟が通常の手続に移行したときは、少額訴訟のため既に指定した期日は、通常の手続のために指定したものとみなす。
（判決の言渡し）

第374条　判決の言渡しは、相当でないと認める場合を除き、口頭弁論の終結後直ちにする。
2　前項の場合には、判決の言渡しは、判決書の原本に基づかないですることができる。この場合においては、第254条第2項及び第255条の規定を準用する。

（判決による支払の猶予）
第375条　裁判所は、請求を認容する判決をする場合において、被告の資力その他の事情を考慮して特に必要があると認めるときは、判決の言渡しの日から3年を超えない範囲内において、認容する請求に係る金銭の支払について、その時期の定め若しくは分割払の定めをし、又はこれと併せて、その時期の定めに従い支払をしたとき、若しくはその分割払の定めによる期限の利益を次項の規定による定めにより失うことなく支払をしたときは訴え提起後の遅延損害金の支払義務を免除する旨の定めをすることができる。
2　前項の分割払の定めをするときは、被告が支払を怠った場合における期限の利益の喪失についての定めをしなければならない。
3　前2項の規定による定めに関する裁判に対しては、不服を申し立てることができない。

（仮執行の宣言）
第376条　請求を認容する判決については、裁判所は、職権で、担保を立てて、又は立てないで仮執行をすることができることを宣言しなければならない。
2　第76条、第77条、第79条及び第80条の規定は、前項の担保について準用する。

（控訴の禁止）
第377条　少額訴訟の終局判決に対しては、控訴をすることができない。

（異議）
第378条　少額訴訟の終局判決に対しては、判決書又は第254条第2項（第374条第2項において準用する場合を含む。）の調書の送達を受けた日から2週間の不変期間内に、その判決をした裁判所に異議を申し立てることができる。ただし、その期間前に申し立てた異議の効力を妨げない。
2　第358条から第360条までの規定は、前項の異議について準用する。

（異議後の審理及び裁判）
第379条　適法な異議があったときは、訴訟は、口頭弁論の終結前の程度に復する。この場合においては、通常の手続によりその審理及び裁判をする。

2　第362条、第363条、第369条、第372条第2項及び第375条の規定は、前項の審理及び裁判について準用する。
（異議後の判決に対する不服申立て）
第380条　第378条第2項において準用する第359条又は前条第1項の規定によってした終局判決に対しては、控訴をすることができない。
2　第327条の規定は、前項の終局判決について準用する。
（過料）
第381条　少額訴訟による審理及び裁判を求めた者が第368条第3項の回数について虚偽の届出をしたときは、裁判所は、決定で、10万円以下の過料に処する。
2　前項の決定に対しては、即時抗告をすることができる。
3　第189条の規定は、第1項の規定による過料の裁判について準用する。

【民事訴訟規則】（平成8年12月17日公布最高裁判所規則第5号）〔原文は縦書き〕

第六編　少額訴訟に関する特則

（手続の教示）
第222条　裁判所書記官は、当事者に対し、少額訴訟における最初にすべき口頭弁論の期日の呼出しの際に、少額訴訟による審理及び裁判の手続の内容を説明した書面を交付しなければならない。
2　裁判官は、前項の期日の冒頭において、当事者に対し、次に掲げる事項を説明しなければならない。
一　証拠調べは、即時に取り調べることができる証拠に限りすることができること。
二　被告は、訴訟を通常の手続に移行させる旨の申述をすることができるが、被告が最初にすべき口頭弁論の期日において弁論をし、又はその期日が終了した後は、この限りでないこと。
三　少額訴訟の終局判決に対しては、判決書又は判決書に代わる調書の送達を受けた日から二週間の不変期間内に、その判決をした裁判所に異議を申し立てることができること。
（少額訴訟を求め得る回数・法第368条）
第223条　法第368条（少額訴訟の要件等）第1項ただし書の最高裁判所規則で定める回数は、10回とする。

（当事者本人の出頭命令）
第224条　裁判所は、訴訟代理人が選任されている場合であっても、当事者本人又はその法定代理人の出頭を命ずることができる。
（証人尋問の申出）
第225条　証人尋問の申出をするときは、尋問事項書を提出することを要しない。
（音声の送受信による通話の方法による証人尋問・法第372条）
第226条　裁判所及び当事者双方と証人とが音声の送受信により同時に通話をすることができる方法による証人尋問は、当事者の申出があるときにすることができる。
2　前項の申出は、通話先の電話番号及びその場所を明らかにしてしなければならない。
3　裁判所は、前項の場所が相当でないと認めるときは、第一項の申出をした当事者に対し、その変更を命ずることができる。
4　第1項の尋問をする場合には、文書の写しを送信してこれを提示することその他の尋問の実施に必要な処置を行うため、ファクシミリを利用することができる。
5　第1項の尋問をしたときは、その旨、通話先の電話番号及びその場所を調書に記載しなければならない。
6　第88条（弁論準備手続調書等）第2項の規定は、第1項の尋問をする場合について準用する。
（証人等の陳述の調書記載等）
第227条　調書には、証人等の陳述を記載することを要しない。
2　証人の尋問前又は鑑定人の口頭による意見の陳述前に裁判官の命令又は当事者の申出があるときは、裁判所書記官は、当事者の裁判上の利用に供するため、録音テープ等に証人又は鑑定人の陳述を記録しなければならない。この場合において、当事者の申出があるときは裁判所書記官は、当該録音テープ等の複製を許さなければならない。（平17最裁規1・1部改正）
（通常の手続への移行・法第373条）
第228条　被告の通常の手続に移行させる旨の申述は、期日においてする場合を除き、書面でしなければならない。
2　前項の申述があったときは、裁判所書記官は、速やかに、その申述により訴訟が通常の手続に移行した旨を原告に通知しなければならない。ただし、その申述が原告の出頭した期日においてされたときは、この限りでない。

3　裁判所が訴訟を通常の手続により審理及び裁判をする旨の決定をしたときは、裁判所書記官は、速やかに、その旨を当事者に通知しなければならない。

（判決・法第374条）
第229条　少額訴訟の判決書又は判決書に代わる調書には、少額訴訟判決と表示しなければならない。
2　第155条（言渡しの方式）第3項の規定は、少額訴訟における原本に基づかないでする判決の言渡しをする場合について準用する。

（異議申立ての方式等・法第378条）
第230条　第217条（異議申立ての方式等）及び第218条（異議申立権の放棄及び異議の取下げ）の規定は、少額訴訟の終局判決に対する異議について準用する。

（異議後の訴訟の判決書等）
第231条　異議後の訴訟の判決書又は判決書に代わる調書には、少額異議判決と表示しなければならない。
2　第219条（手形訴訟の判決書等の引用）の規定は、異議後の訴訟の判決書又は判決書に代わる調書における事実及び理由の記載について準用する。

【東京における住宅の賃貸借に係る紛争の防止に関する条例】
（平成16年3月31日・条例第95号）

（目的）
第1条　この条例は、宅地建物取引業者（宅地建物取引業法（昭和27年法律第176号。以下「法」という。）第2条第3号に規定する宅地建物取引業者をいう。以下同じ。）が、専ら居住を目的とする建物（建物の一部を含む。以下「住宅」という。）の賃貸借に伴い、あらかじめ明らかにすべき事項を定めること等により、住宅の賃貸借に係る紛争の防止を図り、もって都民の住生活の安定向上に寄与することを目的とする。

（宅地建物取引業者の説明義務）
第2条　宅地建物取引業者は、住宅の賃貸借の代理又は媒介をする場合は、当該住宅を借りようとする者に対して法第35条第1項の規定により行う同項各号に掲げる事項の説明に併せて、次に掲げる事項について、これらの事項を記載した書面を交付して説明しなければならない。
1　退去時における住宅の損耗等の復旧並びに住宅の使用及び収益に必要

な修繕に関し東京都規則（以下「規則」という。）で定める事項
2　前号に掲げるもののほか、住宅の賃貸借に係る紛争の防止を図るため、あらかじめ明らかにすべきこととして規則で定める事項

（紛争の防止のための措置）
第3条　知事は、住宅の賃貸借に係る紛争の防止のために必要な措置を講ずるよう努めるものとする。

（報告の聴取等）
第4条　知事は、この条例の施行に必要な限度において、宅地建物取引業者に対し、その業務に関する報告又は資料の提出を求めることができる。

（指導及び勧告）
第5条　知事は、宅地建物取引業者が次の各号のいずれかに該当する場合は、当該宅地建物取引業者に対し、説明を行い、又は報告若しくは資料の提出をし、若しくは報告若しくは資料の内容を是正するよう指導及び勧告をすることができる。
1　第2条の規定による説明の全部又は一部を行わなかったとき。
2　前条の規定による報告若しくは資料の提出をせず、又は虚偽の報告若しくは資料の提出をしたとき。

（公表等）
第6条　知事は、前条の勧告を受けた者が正当な理由なく当該勧告に従わなかったときは、その旨を公表することができる。
2　知事は、前項の規定による公表をしようとする場合は、当該勧告を受けた者に対し、意見を述べ、証拠を提示する機会を与えるものとする。

（委任）
第7条　この条例に規定するもののほか、この条例の施行について必要な事項は、規則で定める。

　附　則
　　この条例は、平成16年10月1日から施行する。

原状回復をめぐるトラブルとガイドライン（改訂版）

国土交通省住宅局
http://www.mlit.go.jp/jutakukentiku/house/torikumi/genzyokaifukugaido.pdf

第1章　原状回復にかかるガイドライン

I　原状回復にかかるトラブルの未然防止

　本ガイドラインは、原状回復にかかるトラブルの未然防止と迅速な解決のための方策として、まず、賃借人の原状回復義務とは何かを明らかにし、それに基づいて賃貸人・賃借人の負担割合のあり方をできるだけ具体的に示すことが必要であるという観点から、原状回復にかかるガイドラインを作成したものである。

　しかし、ガイドラインは、あくまで負担割合等についての一般的な基準を示したものであり、法的な拘束力を持つものでもないことから、ガイドラインのほかに原状回復にかかるトラブルの未然防止となりうるような実務的な方策も必要である。

　そこで、賃貸借契約の「出口」すなわち退去時の問題と捉えられがちである原状回復の問題を、「入口」すなわち入居時の問題として捉えることを念頭において、入退去時の物件の確認等のあり方、契約締結時の契約条件の開示をまず具体的に示すこととした。

　こうした対応策が的確に採られていくことにより、原状回復にかかるトラブルの未然防止が効果的になされることが期待される。

1　物件の確認の徹底

　原状回復をめぐるトラブルの大きな原因として、入居時及び退去時における損耗等の有無など、物件の確認が不十分であることがあげられる。著しく短期の賃貸借でない限り、入居時において退去の際のことまで想定することは困難であるという実態があるが、更新が前提（定期借家契約の場合は合意により再契約が可能）であり、長期にわたることが一般的な居住用建物の賃貸借契約においては、当事者間の記憶だけではあいまいとなり、損耗等の箇所、発生の時期など事実関係の有無等をめぐってトラブルになりやすい。

　このため、事実関係を明確にし、トラブルを未然に防止するため、入居時及び退室時に次頁のようなチェックリストを作成し、部位ごとの損耗等の状況や原状回復の内容について、当事者が立会いのうえ十分に確認することが必要であると考えられる。この場合、損耗等の箇所、程度についてよりわかりやすく、当事者間の認識の差を少なくするためには、具体的な損耗の箇所や程度といった物件の状況を平面図に記入したり、写真を撮るなどのビジュアルな手段を併せて活用することも重要である。

　なお、こうしたチェックリストなどは、後日トラブルとなり、訴訟等に発展し

入退去時の物件状況及び原状回復確認リスト（例）

入居時・退去時の物件状況確認リスト

物件名		住戸番号	
所在地		TEL( ) －	
借主氏名		貸主氏名	
契約日　　年　月　日	入居日　　年　月　日	退去日　　年　月　日	
転居先住所		転居先TEL( ) －	

場所	箇所	入居時		退去時		修繕		交換		負担	
		損耗	具体的な状況	損耗	具体的な状況	要	不要	要	不要	賃	借
玄関・廊下	天井	有・無		有・無							
	壁	有・無		有・無							
	床	有・無		有・無							
	玄関ドア	有・無		有・無							
	鍵	有・無		有・無							
	チャイム	有・無		有・無							
	下駄箱	有・無		有・無							
	照明器具	有・無		有・無							
台所・食堂・居間	天井	有・無		有・無							
	壁	有・無		有・無							
	床	有・無		有・無							
	流し台	有・無		有・無							
	吊戸棚	有・無		有・無							
	換気扇	有・無		有・無							
	給湯機器	有・無		有・無							
	コンロ	有・無		有・無							
	照明器具	有・無		有・無							
	給排水	有・無		有・無							
浴室	天井・壁・床	有・無		有・無							
	ドア	有・無		有・無							
	風呂釜	有・無		有・無							
	浴槽	有・無		有・無							
	シャワー	有・無		有・無							
	給排水	有・無		有・無							
	照明・換気扇	有・無		有・無							
洗面所	天井・壁・床	有・無		有・無							
	ドア	有・無		有・無							
	洗面台	有・無		有・無							
	洗濯機置場	有・無		有・無							
	給排水	有・無		有・無							
	照明器具	有・無		有・無							
トイレ	天井・壁・床	有・無		有・無							
	ドア	有・無		有・無							
	便器	有・無		有・無							
	水洗タンク	有・無		有・無							
	照明・換気扇	有・無		有・無							

原状回復をめぐるトラブルとガイドライン（改訂版）

場所	箇所	入居時 損耗	具体的な状況	退去時 損耗	具体的な状況	修繕 要/不要	交換 要/不要	負担 賃/借
個室	天井	有・無		有・無				
	壁	有・無		有・無				
	床	有・無		有・無				
	間仕切り	有・無		有・無				
	押入・天袋	有・無		有・無				
	外回り建具	有・無		有・無				
	照明器具	有・無		有・無				
個室	天井	有・無		有・無				
	壁	有・無		有・無				
	床	有・無		有・無				
	間仕切り	有・無		有・無				
	押入・天袋	有・無		有・無				
	外回り建具	有・無		有・無				
	照明器具	有・無		有・無				
個室	天井	有・無		有・無				
	壁	有・無		有・無				
	床	有・無		有・無				
	間仕切り	有・無		有・無				
	押入・天袋	有・無		有・無				
	外回り建具	有・無		有・無				
	照明器具	有・無		有・無				
その他	エアコン	有・無		有・無				
	スイッチ・コンセント	有・無		有・無				
	カーテンレール	有・無		有・無				
	バルコニー	有・無		有・無				
	物干し金具	有・無		有・無				

（備考）

☆入居時　上記の通り物件各箇所の状況について点検し、確認しました。

　　　　　　平成　　年　　月　日　　　　　　　　　平成　　年　　月　日
　　借主氏名　　　　　　　　　印　　　　　貸主氏名　　　　　　　　　印

　　　　　　　　　　　　　　　　　　　　　　　　　平成　　年　　月　日
　　管理業者名及び
　　確認担当者氏名　　　　　　　　　　　　　　　　　　　　　　　　印

☆退去時　上記の通り物件各箇所の状況について点検し、確認しました。

　　　　　　平成　　年　　月　日　　　　　　　　　平成　　年　　月　日
　　借主氏名　　　　　　　　　印　　　　　貸主氏名　　　　　　　　　印

　　　　　　　　　　　　　　　　　　　　　　　　　平成　　年　　月　日
　　管理業者名及び
　　確認担当者氏名　　　　　　　　　　　　　　　　　　　　　　　　印

た場合でも証拠資料になりうるため、迅速な解決のためにも有効であると考えられる。

2　原状回復に関する契約条件等の開示

　現行、賃貸借における原状回復に関する契約条件等の開示については、特に法的な規制はなされておらず、契約時において、賃貸人サイドから明確な開示や説明がなされたり、賃借人から説明を求めたりするケースは少ないものと思われる。なお、宅地建物取引業法では、宅地建物取引業者が賃貸借の代理、媒介を行う場合、重要事項説明項目として、解約時の敷金等の精算に関する事項の説明が義務付けられているが、契約時にその内容が決定していない場合には、その旨説明すればよいこととなっている。

　ところで、原状回復にかかる費用は、入居当初には発生しないものの、いずれ賃借人が一定に負担する可能性のあるものであり、賃料や敷金などと同様にその内容、金額等の条件によっては、賃貸借契約締結の重要な判断材料となる可能性がある。こうしたことからも、原状回復の問題は、単に契約終了時だけではなく、賃貸借契約当初の問題としてとらえる必要がある。

(1)　賃貸借契約締結時における契約条件の開示等について
①　賃貸借契約書は、「賃貸住宅標準契約書」（以下「標準契約書」という。）や本ガイドラインの示す一般的な基準を参考に作成されているが、一部ではこれ以外の契約書も使われている。

　いずれの契約書であれ、その内容については、賃貸人・賃借人双方の十分な認識のもとで合意したものでなければならない。一般に、賃貸借契約書は、貸手側で作成することが多いことから、トラブルを予防する観点からは、賃貸人は、賃借人に対して、明渡しの際の原状回復の内容等を契約前に開示し、賃借人の十分な認識を得たうえで、双方の合意により契約事項として取り決める必要がある。

②　宅地建物取引業者が賃貸借を媒介・代理をするとき、当該業者は、重要事項説明における「解約時の敷金等の精算に関する事項」には、原状回復にかかる事項が含まれるものであることを認識しておく必要がある。

　さらに、賃貸借契約書の作成に際し、原状回復の内容等について、標準契約書や本ガイドライン等を参考にしてその作成を行い、そのうえで、媒介・代理をする宅地建物取引業者は、重要事項及び契約事項として契約当事者に十分説明することが望まれる。

(2)　特約について
　賃貸者契約については、強行法規に反しないものであれば、特約を設けることは契約自由の原則から認められるものであり、一般的な原状回復義務を超えた一定の修繕等の義務を賃借人に負わせることも可能である。しかし、判例等においては、一定範囲の修繕（小修繕）を賃借人負担とする旨の特約は、単に賃貸人の

修繕義務を免除する意味しか有しないとされており、経年変化や通常損耗に対する修繕義務等を賃借人に負担させる特約は、賃借人に法律上、社会通念上の義務とは別個の新たな義務を課すことになるため、次の要件を満たしていなければ効力を争われることに十分留意すべきである。

【賃借人に特別の負担を課す特約の要件】

> ①　特約の必要性があり、かつ、暴利的でないなどの客観的、合理的理由が存在すること
> ②　賃借人が特約によって通常の原状回復義務を超えた修繕等の義務を負うことについて認識していること
> ③　賃借人が特約による義務負担の意思表示をしていること

したがって、仮に原状回復についての特約を設ける場合は、その旨を明確に契約書に定めた上で、賃借人の十分な認識と了解をもって契約することが必要である。また、客観性や必要性については、例えば家賃を周辺相場に比較して明らかに安価に設定する代わりに、こうした義務を賃借人に課すような場合等が考えられるが、限定的なものと解すべきである。

なお、金銭の支出を伴う義務負担の特約である以上、賃借人が義務負担の意思表示をしているとの事実を支えるものとして、特約事項となっていて、将来賃借人が負担することになるであろう原状回復等の費用がどの程度のものになるか、単価等を明示しておくことも、紛争防止のうえで欠かせないものであると考えられる。

II　契約の終了に伴う原状回復義務の考え方

1　賃借人の原状回復義務とは何か

(1)　標準契約書の考え方

標準契約書では、建物の損耗等を次の2つに区分している。
①　賃借人の通常の使用により生ずる損耗
②　賃借人の通常の使用により生ずる損耗以外の損耗

これらについて、標準契約書は、①については賃借人は原状回復義務がないと定め、②については賃借人に原状回復義務があると定めている。したがって、損耗等を補修・修繕する場合の費用については、①については賃貸人が負担することになり、②については賃借人が負担することになる。

なお、原状回復の内容・方法、①と②すなわち通常損耗分とそれ以外の区別については当事者間の協議事項とされている。

(2)　本ガイドラインの考え方

本ガイドラインでは、建物の損耗等を建物価値の減少と位置づけ、負担割合等のあり方を検討するにあたり、理解しやすいように損耗等を次の3つに区分した。

① 建物・設備等の自然的な劣化・損耗等（経年変化）
② 賃借人の通常の使用により生ずる損耗等（通常損耗）
③ 賃借人の故意・過失、善管注意義務違反、その他通常の使用を超えるような使用による損耗等

このうち、本ガイドラインでは③を念頭に置いて、原状回復を次のように定義した。

> 原状回復とは、賃借人の居住、使用により発生した建物価値の減少のうち、賃借人の故意・過失、善管注意義務違反、その他通常の使用を超えるような使用による損耗・毀損を復旧すること

したがって、損耗等を補修・修繕する場合の費用については、③の賃借人の故意・過失、善管注意義務違反、その他通常の使用を超えるような使用による損耗等について、賃借人が負担すべき費用と考え、他方、例えば次の入居者を確保する目的で行う設備の交換、化粧直しなどのリフォームについては、①、②の経年変化及び通常使用による損耗等の修繕であり、賃貸人が負担すべきと考えた。

なお、このほかに、震災等の不可抗力による損耗、上階の居住者など当該賃借人と無関係な第三者がもたらした損耗等が考えられるが、これらについては、賃借人が負担すべきものでないことは当然である。

2　建物の損耗等について

上述のように、建物価値の減少にあたる損耗等を分類し、定義しても、結局は具体の損耗等が上記(2)②の通常損耗に該当するのか、(2)③の損耗等に該当するのかが判然としていないと、原状回復をめぐるトラブルの未然防止・解決には役立たない。

標準契約書においては、通常損耗について、具体的な事例として畳の日焼け等を示すにとどまっているが、そもそも、生活スタイルの多様化等により、「通常の使用」といってもその範囲はきわめて広く、判断基準そのものを定義することは困難である（図1）。

そこで、本ガイドラインでは、国民生活センター等における個別具体の苦情・相談事例の中で、通常損耗か否かの判断でトラブルになりやすいと考えられるものを取りあげて検討し、一定の判断を加えることとした。

図1　判例、標準契約書等の考え方

賃貸住宅の価値（建物価値）

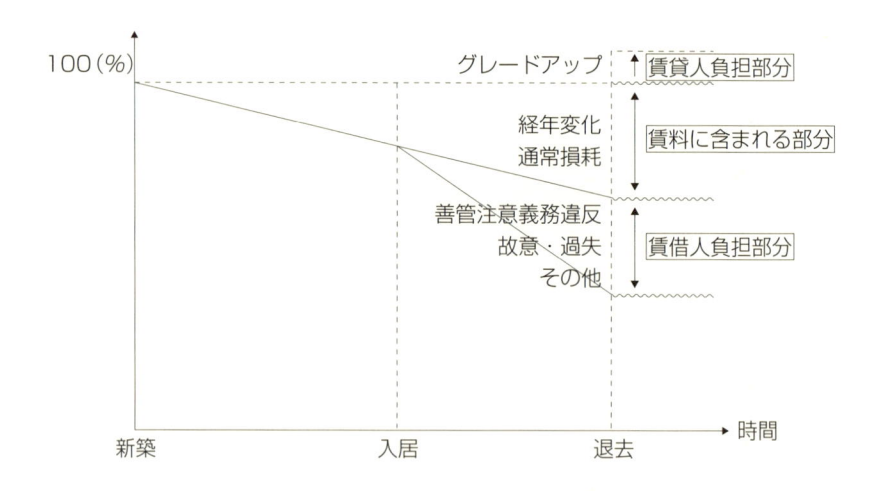

```
100（％）
                              グレードアップ     ↑ 賃貸人負担部分
                               経年変化
                               通常損耗          賃料に含まれる部分

                               善管注意義務違反
                               故意・過失         賃借人負担部分
                               その他

       新築          入居          退去                時間
```

＊グレードアップ：退去時に古くなった設備等を最新のものに取り替える等の建物の価値を増大させるような修繕等

事例の区分

事例のうち建物価値の減少ととらえられるものを、

A　　　：賃借人が通常の住まい方、使い方をしていても発生すると考えられるもの

B　　　：賃借人の住まい方、使い方次第で発生したりしなかったりすると考えられるもの（明らかに通常の使用等による結果とはいえないもの）

A（＋B）：基本的にはAであるが、その後の手入れ等賃借人の管理が悪く、損耗等が発生または拡大したと考えられるもの

の3つにブレークダウンして区分した。
　その上で、建物価値の減少の区分としてはAに該当するものの、建物価値を増大させる要素が含まれているものを、A（＋G）に区分した（図2）（別表1）。

図2　消耗・毀損事例の区分

賃貸住宅の価値（建物価値）

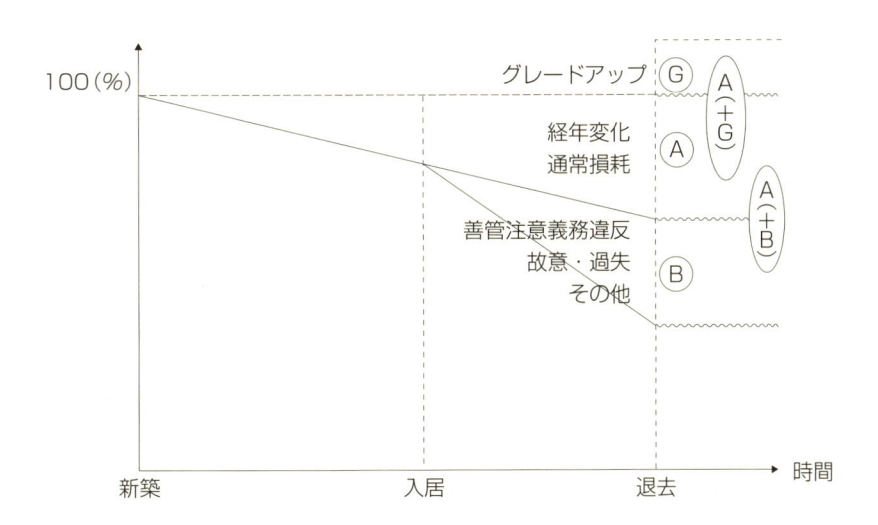

```
100（％） ┤━━━━━━━━━━━━━━━━━━━━━━　グレードアップ　Ⓖ　　Ⓐ
          │　　　　　　　　　　　　　　　　　　　　　　　　　　　（＋G）
          │　　　　　　　　　　　　　　　　　　経年変化　　Ⓐ
          │　　　　　　　　　　　　　　　　　　通常損耗　　　　　　Ⓐ
          │　　　　　　　　　　　　　　　　　　　　　　　　　　　（＋B）
          │　　　　　　　　　　　　　　　　　善管注意義務違反
          │　　　　　　　　　　　　　　　　　故意・過失　　Ⓑ
          │　　　　　　　　　　　　　　　　　その他
          └──────────┬──────────┬──────────→ 時間
           新築　　　　入居　　　　退去
```

3　賃借人の負担について

(1) 賃借人の負担対象事象

　上記区分による建物価値の減少に対する補修等の費用の負担者は、次のとおりとなる。

A：賃借人が通常の住まい方、使い方をしていても発生すると考えられるものは、1(2)①の経年変化か、1(2)②の通常損耗であり、これらは賃貸借契約の性質上、賃貸借契約期間中の賃料でカバーされてきたはずのものである。したがって、賃借人はこれらを修繕等する義務を負わず、この場合の費用は賃貸人が負担することとなる。

A（＋G）：賃借人が通常の住まい方、使い方をしていても発生するものについては、上記のように、賃貸借契約期間中の賃料でカバーされてきたはずのものであり、賃借人は修繕等をする義務を負わないのであるから、まして建物価値を増大させるような修繕（例えば、古くなった設備等を最新のものに取り替えるとか、居室をあたかも新築のような状態にするためにクリーニングを実施する等、Aに区分されるような建物価値の減少を補ってなお余りあるような修繕等）をする義務を負うことはない。したがって、この場合の費用についても賃貸人が負担することとなる。

B：賃借人の住まい方、使い方次第で発生したりしなかったりすると考えられるものは、1(2)③の故意・過失、善管注意義務違反等を含むこともあり、もは

や通常の使用により生ずる損耗とはいえない。したがって、賃借人に原状回復義務が発生し、賃借人が負担すべき費用の検討が必要になる。
A（＋B）：賃借人が通常の住まい方、使い方をしていても発生するものであるが、その後の手入れ等賃借人の管理が悪く、損耗が発生・拡大したと考えられるものは、損耗の拡大について、賃借人に善管注意義務違反等があると考えられる。したがって、賃借人には原状回復義務が発生し、賃借人が負担すべき費用の検討が必要になる。

なお、これらの区分は、あくまで一般的な事例を想定したものであり、個々の事象においては、Aに区分されるようなものであっても、損耗の程度等により実体上Bまたはそれに近いものとして判断され、賃借人に原状回復義務が発生すると思われるものもある。したがって、こうした損耗の程度を考慮し、賃借人の負担割合等についてより詳細に決定することも可能と考えられる。

しかしながら、現時点においては、損耗等の状況や度合いから負担割合を客観的・合理的に導き出すことができ、かつ、社会的にもコンセンサスの得られた基準等が存在していないこと、また、あまりにも詳細な基準は実務的にも煩雑となり、現実的でないことから、本ガイドラインにおいては、程度の差に基づく詳細な負担割合の算定は行っていない。

(2) 経過年数の考え方の導入
　① 経過年数
　上記のように、事例区分BやA（＋B）の場合には、賃借人に原状回復義務が発生し、賃借人が負担する費用の検討が必要になるが、この場合に修繕等の費用の全額を賃借人が当然に負担することにはならないと考えられる。
　なぜならば、Bの場合であっても、経年変化・通常損耗は必ず前提になっているところ、経年変化・通常損耗の分は、賃借人としては賃料として支払ってきているのであり、賃借人が明渡し時に負担すべき費用にならないはずであるから、このような分まで賃借人が明渡しに際して負担しなければならないとすると、経年変化・通常損耗の分が賃貸借契約期間中と明渡し時とで二重に評価されることになるため、賃貸人と賃借人間の費用負担の配分について合理性を欠くことになるからである。
　また、実質的にも、賃借人が経過年数1年で毀損させた場合と経過年数10年で毀損させた場合を比較すると、後者の場合は前者の場合よりも大きな経年変化・通常損耗があるはずであり、この場合に修繕費の負担が同じであるというのでは賃借人相互の公平をも欠くことになる。
　そこで、賃借人の負担については、建物や設備等の経過年数を考慮し、年数が多いほど負担割合を減少させることとするのが適当である。
　経過年数による減価割合については、「減価償却資産の耐用年数等に関する省令」（昭和40年3月31日大蔵省令第15号）を参考とした。これによると、例えば、カーペットの場合、償却年数は、6年で残存価値10％となるような直線（または曲線）を描いて経過年数により賃借人の負担を決定する。年数が経つほど賃借人

図3　設備等の経過年数と賃借人負担割合
　　　（耐用年数6年及び8年・定額法の場合）

賃借人負担割合（原状回復義務がある場合）

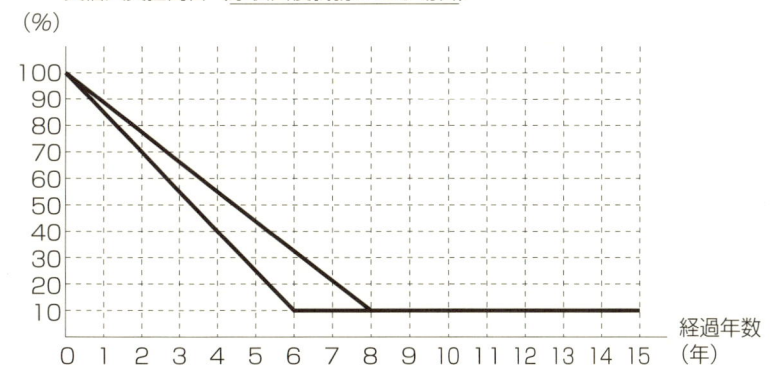

（縦軸：％　0〜100／横軸：経過年数（年）0〜15）

の負担割合は減少することとなる（図3）。

②　入居年数による代替
　経過年数の考え方を導入した場合、新築物件の賃貸借契約ではない場合には、実務上の問題が生じる。すなわち、設備等によって補修・交換の実施時期はまちまちであり、それらの履歴を賃貸人や管理業者等が完全に把握しているケースは少ないこと、入居時に経過年数を示されても賃借人としては確認できないことである。
　他方、賃借人がその物件に何年住んだのかという入居年数は、契約当事者にとっても管理業者等にとっても明確でわかりやすい。
　そこで本ガイドラインでは、経過年数のグラフを、入居年数で代替する方式を採用することとした。この場合、入居時点の設備等の状況は、必ずしも価値100％のものばかりではないので、その状況に合わせて経過年数のグラフを下方にシフトさせて使用することとする（図4）。なお、入居時点の状態でグラフの出発点をどこにするかは、契約当事者が確認のうえ、予め協議して決定することが適当である。例えば、入居直前に設備等の交換を行った場合には、グラフは価値100％が出発点となるが、そうでない場合には、当該賃貸住宅の建築後経過年数や個々の損耗等を勘案して10％を下限に適宜グラフの出発点を決定することとなる。

③　経過年数（入居年数）を考慮しないもの
　もっとも、建物本体と同様に長期間の使用に耐えられる部位であって、部分補修が可能な部位、例えば、フローリング等の部分補修については、経過年数を考慮することにはなじまないと考えられる。なぜなら、部分補修としたうえに形式

図4　入居時の状態と賃借人負担割合
　　　（耐用年数6年、定額法の場合）

賃借人負担割合（原状回復義務がある場合）

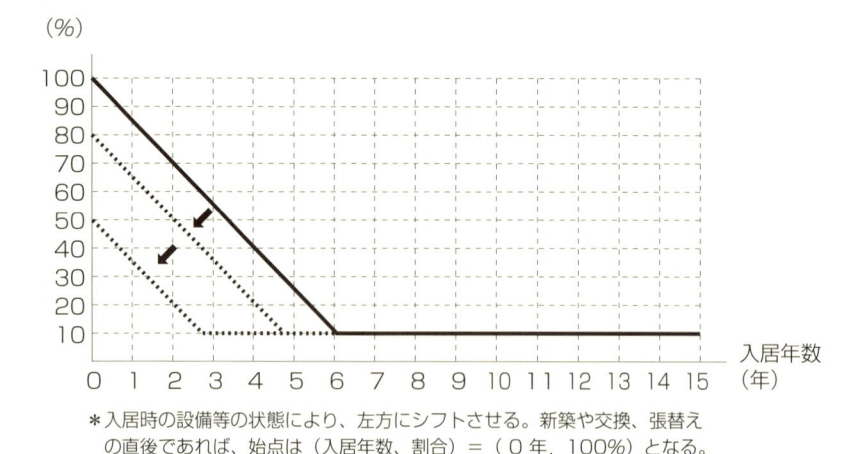

＊入居時の設備等の状態により、左方にシフトさせる。新築や交換、張替えの直後であれば、始点は（入居年数，割合）＝（0年，100％）となる。

的に経過年数を考慮すると、賃貸人にとっては不合理な結果となるからである。フローリングを例にとると、補修を部分的に行ったとしても、将来的には全体的に張り替えるのが一般的であり、部分補修がなされたからといって、フローリング全体としての価値が高まったと評価できるものではない（つぎはぎの状態になる）。よって、部分補修の費用全額を賃借人が負担しても、賃貸人が当該時点におけるフローリングの価値（経年変化や通常損耗による減少を考慮した価値）を超える利益を獲得することにはならないので、経過年数を考慮する必要はない。むしろ、形式的に経過年数を考慮すると、部分補修の前後を通じてフローリングの価値は同等であると評価できるのに、賃貸人が費用の負担を強いられるという意味で不合理である。したがって、こうした部位等については、経過年数を考慮せず、部分補修費用について毀損等を発生させた賃借人の負担とするのが妥当であると考えられる。

　また、襖紙や障子紙、畳表といったものは、消耗品としての性格が強く、毀損の軽重にかかわらず価値の減少が大きいため。減価償却資産の考え方を取り入れることにはなじまないことから、経過年数を考慮せず、張替え等の費用について毀損等を発生させた賃借人の負担とするのが妥当であると考えられる。

(3)　賃借人の負担対象範囲
　①　基本的な考え方
　　原状回復は、毀損部分の復旧であることから、可能な限り毀損部分に限定し、

毀損部分の補修工事が可能な最低限度を施工単位とすることを基本とする。したがって、賃借人に原状回復義務がある場合の費用負担についても、補修工事が最低限可能な施工単位に基づく補修費用相当分が負担対象範囲の基本となる。

② 毀損部分と補修箇所にギャップがある場合

賃借人の負担対象範囲で問題となるのが、毀損部分と補修工事施工箇所にギャップがあるケースである。例えば、壁等のクロスの場合、毀損箇所が一部であっても他の面との色や模様あわせを実施しないと商品価値を維持できない場合があることから、毀損部分だけでなく部屋全体の張替えを行うことが多い。

この場合に問題となるのが、「賃借人の居住、使用により発生した建物価値の減少のうち、賃借人の故意・過失、善管注意義務違反による損耗・毀損を復旧すること」である原状回復の観点から、賃借人にどのような範囲でクロスの張替え義務があるとするかということである。

この点、当該部屋全体のクロスの色や模様が一致していないからといって、賃貸借の目的物となりえないというものではなく、当該部屋全体のクロスの色・模様を一致させるのは、賃貸物件としての商品価値の維持・増大という側面が大きいというべきで、その意味ではいわゆるグレードアップに相当する部分が含まれると考えられる。したがって、当該部屋全体のクロスの張替えを賃借人の義務とすると、原状回復以上の利益を賃貸人が得ることとなり、妥当ではない。

他方、毀損部分のみのクロスの張替えが技術的には可能であっても、その部分の張替えが明確に判別できるような状態になり、このような状態では、建物価値の減少を復旧できておらず、賃借人としての原状回復義務を十分果たしたとはいえないとも考えられる。したがって、クロス張替えの場合、毀損箇所を含む一面分の張替費用を、毀損等を発生させた賃借人の負担とすることが妥当と考えられる（このように賃借人の負担範囲を大きくしても、経過年数を考慮すれば、金銭的な負担は不当なものとはならないと考えられる）。

このように毀損部分と補修箇所に大きな差異が生じるような場合は、補修工事の最低施工可能範囲、原状回復による賃貸人の利得及び賃借人の負担を勘案し、当事者間で不公平とならないようにすべきである（別表２）。

別表1　損耗・毀損の事例区分（部位別）一覧表（通常、一般的な例示）

区分 部位	A		B
	[賃借人が通常の住まい方、使い方をしていても発生すると考えられるもの]		[賃借人の使い方次第で発生したりしなかったりするもの（明らかに通常の使用による結果とはいえないもの）]
	A（＋G） [次の入居者を確保するための化粧直し、グレードアップの要素があるもの]	A（＋B） [賃借人のその後の手入れ等管理が悪く、発生、拡大したと考えられるもの]	
床（畳、フローリング、カーペットなど）	●畳の裏返し、表替え（特に破損・汚損していないが、次の入居者確保のために行うもの） （考え方）入居者入れ替わりによる物件の維持管理上の問題であり、賃貸人の負担とすることが妥当と考えられる。 ●フローリングのワックスがけ （考え方）ワックスがけは通常生活においては通常行うとは言い切れず、物件の維持管理の意味合いが強いことから、賃貸人負担とすることが妥当と考えられる。	●家具の設置による床、カーペットのへこみ、設置跡 （考え方）我が国の気候、住宅事情により家具保有数が多いという実状を鑑み、その設置は必然的なものであり、設置したことだけによる損耗とだけとらえ、損耗の負担については通常の使用による損耗ととらえるのが妥当と考えられる。 ●畳の変色、フローリングの色落ち（日照、建物構造欠陥による雨漏りなどで発生したもの） （考え方）日照は通常の生活で避けられないものであり、また、構造上の欠陥は、賃貸人が責任を負うべきことから、賃借人の負担とはいえないと考えられる。（賃借人が通知義務を怠った場合を除く）	●引越作業で生じたひっかきキズ （考え方）賃借人の善管注意義務違反に該当する場合が多いと考えられる。 ●フローリングの色落ち（賃借人の不注意で雨が吹き込んだことなどによるもの） （考え方）賃借人の善管注意義務違反に該当する場合が多いと考えられる。 ●キャスター付きのイス等によるフローリングのキズ、へこみ （考え方）キャスターの利用が通常予測されることで、フローリングの使用にあたってはこの使用に耐えうる必要があり、発生させた場合は賃借人の善管注意義務違反に該当する場合が多いと考えられる。
		●カーペットに飲み物等をこぼしたことによるシミ、カビ （考え方）飲み物等をこぼすこと自体は通常の生活の範囲と考えられるが、その後の手入れ不足等によるシミ・カビの発生は賃借人の善管注意義務違反により実施することが妥当ととらえられる。 ●冷蔵庫下のサビ跡 （考え方）冷蔵庫に発生したサビを放置し、それにより床に汚損等の損害を与えれば通常の使用による損耗を超えると判断されることが多く、賃借人の善管注意義務違反に該当する場合が多いと考えられる。	

＊事例は主に発生すると考えられる部位でまとめている（以下同じ）。

区分 部位	A		B
	[賃借人が通常の住まい方、使い方をしていても発生すると考えられるもの]		[賃借人の使い方次第で発生したりしなかったりするもの（明らかに通常の使用による結果とはいえないもの）]
	A（+G） [次の入居者を確保するための化粧直し、グレードアップの要素があるもの]	A（+B） [賃借人のその後の手入れ等管理が悪く、損耗等が発生又は拡大したと考えられるもの]	
壁、天井 （クロス）	● タバコのヤニ （考え方）喫煙等は用法違反にあたらず、善管注意義務違反にもあたらないが、クリーニングで除去できる程度のヤニ・臭いについては、通常の清掃範囲であると考えられる。ただし、通常のクリーニングで除去できない程度のヤニ・臭いについては、損耗ではあるが、もはや通常損耗とはいえず、A（+B）に区分されるものと考えられる。 ● テレビ、冷蔵庫等の後部壁面の黒ずみ（いわゆる電気ヤケ） （考え方）テレビ、冷蔵庫は一般的な生活をしていくうえで必需品であり、その使用による電気ヤケは通常の使用ととらえるのが妥当と考えられる。	● 台所の油汚れ （考え方）使用後の手入れが悪くススや油が付着しているような場合は、通常の使用による損耗を超えると判断されるものと考えられる。 ● 結露を放置したことにより拡大したカビ、シミ （考え方）結露は建物の構造上の問題であることが多いが、賃借人が結露が発生しているにもかかわらず、賃貸人に通知もせず、かつ、拭き取るなどの手入れを怠り、壁等を腐食させた場合には、通常の使用による損耗を超えると判断されることが多いと考えられる。	● 壁等のくぎ穴、ネジ穴（重量物をかけるためにあけたもので、下地ボードの張替えが必要な程度のもの） （考え方）重量物の掲示等のためのくぎ穴、ネジ穴は、画鋲等に比べて深く範囲も広いため、通常の使用による損耗を超えると考えられる。 ● クーラー（賃借人所有）から水漏れし、放置したため壁等が腐食 （考え方）クーラーの保守は所有者（この場合賃借人）が実施するべきものであり、それを怠り腐食させた場合には、善管注意義務違反に問われると判断されることが多いと考えられる。

原状回復をめぐるトラブルとガイドライン（改訂版）

● 天井に直接つけた照明器具の跡
（考え方）あらかじめ設置されたコンセントを使用しなかった場合には、通常の使用による損耗を超えると判断されることが多いと考えられる。照明器具用コンセントがなく、照明器具取付時に照明器具用コンセントを設置した場合には、通常の損耗を超えると判断されることが多いと考えられる。

● クーラー（賃貸人所有）から水漏れし、賃借人が放置したため壁が腐食
（考え方）クーラーの保守は所有者（賃貸人）が実施すべきものであるが、水漏れを放置したことにより腐損した場合は、その後の通常の手入れを怠ったことによる損耗を超えると判断されることが多いと考えられる。

● 壁に貼ったポスターや絵画の跡
（考え方）壁にポスター等を貼ることによって生じるロス等の変色は、主に日照などの自然現象によるもので、通常の生活による損耗の範囲内であると考えられる。

● エアコン（賃借人所有）設置によるビス穴、跡
（考え方）エアコンについても、テレビ等と同様に一般的な生活をしていくうえで必需品になってきており、その設置によって生じたビス穴等は通常の損耗と考えられる。

● クロスの変色（日照などの自然現象によるもの）
（考え方）クロスの変色は、日照等通常の生活で避けられないものであると考えられる。

● 壁等の画鋲、ピン等の穴（下地ボードの張替えは不要な程度のもの）
（考え方）ポスター等の掲示は、通常行われる生活の範囲のものであり、その範囲に使用した画鋲、ピン等の穴は、通常の損耗と考えられる。

部位	区分	A		B
		[賃借人が通常の住まい方、使い方をしていても発生すると考えられるもの]		[賃借人の住まい方、使い方次第で発生したりしなかったりするもの（明らかに通常の使用による結果とはいえないもの）]
		A（＋G） [次の入居者を確保するための化粧直し、グレードアップの要素があるもの]	A（＋B） [賃借人のその後の手入れ等管理が悪く発生、拡大したと考えられるもの]	
建具（ふすま、柱など）		●網戸の張替え（破損等はしていないが次の入居者確保のために行う） (考え方) 入居者入れ替わりによる物件の維持管理上の問題であり、賃貸人の負担とすることが妥当と考えられる。	●地震で破損したガラス (考え方) 自然災害による損傷であり、賃借人には責任はないと考えられる。 ●網入りガラスの亀裂（構造により自然に発生したもの） (考え方) ガラスの加工処理の問題で自然に発生した場合は、賃借人には責任はないと考えられる。	●飼育ペットによる柱等のキズ (考え方) 特に、共同住宅における飼育は未だ一般的ではなく、ペットの躾の問題でもあり、賃借人負担と判断される場合が多いと考えられる。

原状回復をめぐるトラブルとガイドライン（改訂版） | **197**

区分	A		B
部位	[賃借人が通常の住まい方、使い方をしていても発生すると考えられるもの]		[賃借人の使い方次第で発生したりしなかったりするもの（明らかに通常の使用による結果とはいえないもの）]
	A（+G） [賃借人が通常するための化粧直し、グレードアップの要素があるもの]	A（+B） [賃借人のその後の手入れ等管理が悪く発生、拡大したと考えられるもの]	
設備、その他（鍵など）	●全体のハウスクリーニング（専門業者による） （考え方）賃借人が通常の清掃（具体的には、ゴミの撤去、掃き掃除、拭き掃除、水回り、換気扇、レンジ回りの油汚れの除去等）を実施している場合は次の入居者を確保するためのものであり、賃貸人負担とすることが妥当と考えられる。 ●消毒（台所、トイレ） （考え方）消毒は、日常の清掃とは異なり、賃借人の管理の範囲を超えているので、賃貸人負担とすることが妥当と考えられる。 ●浴槽、風呂釜等の取替え（破損、汚損をしていないが、次の入居者確保のために行うもの） （考え方）物件の維持管理上の問題であり、賃貸人負担とすることが妥当と考えられる。	●鍵の取替え（破損、鍵紛失のない場合） （考え方）入居者の入れ替わりによる物件管理上の問題であり、賃貸人の負担とすることが妥当と考えられる。 ●設備機器の故障、使用不能（機器の耐用年限到来のもの） （考え方）経年劣化による自然損耗であり、賃借人に責任はないと考えられる。	●日常の不適切な手入れもしくは用法違反による設備の損耗 （考え方）賃借人の善管注意義務違反に該当すると判断されることが多いと考えられる。 ●ガスコンロ置き場、換気扇等の油汚れ、すす （考え方）使用期間中に、その清掃・手入れを怠った結果汚損が生じた場合は、賃借人の善管注意義務違反に該当すると判断されることが多いと考えられる。 ●風呂、トイレ、洗面台の水垢、カビ等 （考え方）使用期間中に、その清掃・手入れを怠った結果汚損が生じた場合は、賃借人の善管注意義務違反に該当すると判断されることが多いと考えられる。

別表2　賃借人の原状回復義務等負担一覧表

	賃借人の原状回復義務	工事施工単位（実体）	賃借人の負担単位等	経過年数の考慮等
基本的な考え方	・賃借人の居住・使用により発生した建物価値の減少のうち、賃借人の故意・過失、善管注意義務違反、その他通常の使用を超えるような使用による損耗等を復旧すること。	―	・可能な限り毀損部分の補修費用相当分となるよう限定的なものとする。この場合、補修工事が最低限可能な施工単位を基本とし、ちらかじめ模様あわせ、色あわせについては、賃借人の負担とはしない。	・財産的価値の復元という観点から、毀損等を与えた部位や設備の経過年数によって、負担割合等を決定化させる。具体的には、経過年数が多いほど賃借人の負担割合が小さくなるようにする。 ・最終残存価値は当初価値の10%とし、賃借人の負担割合は最低10%となる。
床（畳、フローリング、カーペットなど）	・毀損部分の補修	畳：最低1枚単位 色あわせを行う場合は当該居室の畳数分 カーペット、クッションフロア： 洗浄等で落ちない汚れ、キズの場合は当該居室全体 フローリング：最低㎡単位	畳：原則1枚単位。毀損等が複数枚にわたる場合は、その枚数（裏返しか表替えかは毀損の程度による） カーペット、クッションフロア： 毀損等が複数箇所にわたる場合は当該居室全体 フローリング： 原則㎡単位。毀損等が複数箇所にわたる場合は当該居室全体	（畳表） ・消耗品に近いものであり、減価償却資産になじまないので、経過年数は考慮しない。 （畳床、カーペット、クッションフロア） ・6年で残存価値10％となるような直線（または曲線）を想定し、負担割合を算定する。 （フローリング） ・経過年数は考慮しない。
壁、天井（クロス）	・毀損部分の補修	壁（クロス）：最低㎡単位 色、模様あわせを行う場合は居室全体 ＊タバコのヤニの場合は、クリーニングまたは張替え（部分補修困難）	壁（クロス）：㎡単位が望ましいが、賃借人が毀損させた箇所を含む一面分までは張替え費用を賃借人負担としてもやむを得ないとする。 ＊タバコのヤニ クリーニングで除去する程度のヤニは、通常の使用による損耗と考えられ、賃借人の負担は必要ないが、汚損している場合のみ、当該居室全体の張替え費用を賃借人負担とすることが妥当と考えられる。	（壁、クロス） ・6年で残存価値10%となるような直線（または曲線）を想定し、負担割合を算定する。

	賃借人の原状回復義務	工事施工単位（実体）	賃借人の負担単位等	経過年数の考慮等
建具 （ふすま、柱など）	・毀損部分の補修	・襖：最低1枚単位 色、模様あわせの場合は当該居室全体の枚数 ・柱：最低1本単位	・襖：1枚単位 ・柱：1本単位	（襖紙、障子紙） ・消耗品であり、減価償却資産とならないので、経過年数は考慮しない。 （襖、障子等の建具部分、柱） ・経過年数は考慮しない。
設備 （鍵、クリーニング）	・設備の補修 ・鍵の返却 ・通常の清掃 （ゴミ撤去、掃き掃除、拭き掃除、水回り清掃、換気扇やレンジ回りの油汚れの除去）	・設備機器：部分補修、交換 ・鍵：紛失の場合はシリンダーの交換 ・クリーニング：専門業者等による部位ごともしくは全体のクリーニング（いわゆるハウスクリーニング）	・設備機器：補修部分、交換相当費用 ・鍵：紛失の場合はシリンダーの交換 ・クリーニング：部位ごともしくは住戸全体	（設備機器） ・8年で残存価値10%となるような直線（または曲線）を想定し、負担割合を算定する（新品交換の場合も同じ）。 ・鍵の紛失の場合は、経過年数は考慮しない。交換費用相当分を全額賃借人負担とする。 （クリーニング） ・賃借人負担について、経過年数は考慮しない。賃借人が通常の清掃を実施していない場合は、通常の清掃費用相当分を賃借人負担とする。

＊事例は主に発生すると考えられる部位、状態でまとめている。

＊判例補遺

【判例補遺１】

　最判平17年12月16日（平成16年（受）第1573号敷金返還請求事件、判例時報1921号61頁、判例タイムズ1200号127頁）

　1（通常損耗の範囲内のものは原状回復義務に当たらない）　賃借人が社会通念上通常の使用をした場合に生ずる賃借物件の劣化又は価値の減少を意味する通常損耗に係る投下資本の減価の回収は、通常、減価償却費や修繕費等の必要経費分を賃料の中に含ませてその支払を受けることにより行われている。建物の賃借人にその賃貸借において生ずる通常損耗について義務を負わせるのは、賃借人に予期しない特別の負担を課すことになる。

　2（通常損耗補修特約が成立するためには明確な合意がいる）　賃借人に上記義務が認められるためには、少なくとも、範囲が賃貸借契約書の条項自体に具体的に明記されているか、賃貸人が口頭により説明し、賃借人がその旨を明確に認識し、それを合意の内容としたものと認められるなど、その旨の特約（以下「通常損耗補修特約」という。）が明確に合意されていることが必要であると解するのが相当である。

　今後大きな影響を与える判決と思われますので、以下にほぼ全文を掲載しておきます。今後の課題としては、通常損耗補修特約の成否の判例の積み重ねと、同特約が成立しているとしても、事案によってはなお消費者契約法等によるその有効無効の判断が注目されるところです。

　1　(3)　被上告人は、入居説明会において、補修費用の負担基準等についての説明が記載された「すまいのしおり」等を配布、約1時間半の時間をかけて、担当者から、特定優良賃貸住宅や賃貸借契約書の

条項のうち重要なものについての説明等がされたほか、退去時の補修費用について、賃貸借契約書の別紙「住宅修繕費負担区分表（一）」の「５．退去跡補修費等負担基準」（以下「本件負担区分表」という。）に基づいて負担することになる旨の説明がされたが、本件負担区分表の個々の項目についての説明はされなかった。

(4)　上告人は、本件契約を締結した際、本件負担区分表の内容を理解している旨を記載した書面を提出している。

(5)　本件契約書22条２項は、賃借人が住宅を明け渡すときは、住宅内外に存する賃借人又は同居者の所有するすべての物件を撤去してこれを原状に復するものとし、本件負担区分表に基づき補修費用を被上告人の指示により負担しなければならない旨を定めている（以下、この約定を「本件補修約定」という。）。

(6)　本件負担区分表は、補修の対象物を記載する「項目」欄、当該対象物についての補修を要する状況等（以下「要補修状況」という。）を記載する「基準になる状況」欄、補修方法等を記載する「施工方法」欄及び補修費用の負担者を記載する「負担基準」欄から成る一覧表によって補修費用の負担基準を定めている。このうち、「襖紙・障子紙」の項目についての要補修状況は「汚損（手垢の汚れ、タバコの煤けなど生活することによる変色を含む）・汚れ」、「各種床仕上材」の項目についての要補修状況は「生活することによる変色・汚損・破損と認められるもの」、「各種壁・天井等仕上材」の項目についての要補修状況は「生活することによる変色・汚損・破損」というものであり、いずれも退去者が補修費用を負担するものとしている。

２　本件は、上告人が、被上告人に対し、被上告人に差入れていた本件敷金のうち未返還分30万2547円及びこれに対する遅延損害金の支払を求める事案であり、争点となったのは、〔１〕本件契約における本件補修約定は、上告人が本件住宅の通常損耗に係る補修費用を負担する内容のものか、〔２〕〔１〕が肯定される場合、本件補修約定のうち通常損耗に係る補修費用を上告人が負担することを定める部分は、法３条６号、特定優良賃貸住宅の供給の促進に関する法律施行規則13条等の

趣旨に反して賃借人に不当な負担となる賃貸条件を定めるものとして公序良俗に反する無効なものか、〔3〕本件補修約定に基づき上告人が負担すべき本件住宅の補修箇所及びその補修費用の額の諸点である。

3　原審は、前記事実関係の下において、上記2の〔1〕の点については、これを肯定し、同〔2〕の点については、これを否定し、同〔3〕の点については、上告人が負担すべきものとして本件敷金から控除された補修費用に係る補修箇所は本件負担区分表に定める基準に合致し、その補修費用の額も相当であるとして、上告人の請求を棄却すべきものとした。以上の原審の判断のうち、同〔1〕の点に関する判断の概要は、次のとおりである。

(1)　賃借人が賃貸借契約終了により負担する賃借物件の原状回復義務には、特約のない限り、通常損耗に係るものは含まれず、その補修費用は、賃貸人が負担すべきであるが、これと異なる特約を設けることは、契約自由の原則から認められる。

(2)　本件負担区分表は、本件契約書の一部を成すものであり、その内容は明確であること、本件負担区分表は、上記1(6)記載の補修の対象物について、通常損耗ということができる損耗に係る補修費用も退去者が負担するものとしていること、上告人は、本件負担区分表の内容を理解した旨の書面を提出して本件契約を締結していることなどからすると、本件補修約定は、本件住宅の通常損耗に係る補修費用の一部について、本件負担区分表に従って上告人が負担することを定めたものであり、上告人と被上告人との間には、これを内容とする本件契約が成立している。

4　しかしながら、上記2の〔1〕の点に関する原審の上記判断のうち(2)は是認することができない。その理由は、次のとおりである。

(1)　賃借人は、賃貸借契約が終了した場合には、賃借物件を原状に回復して賃貸人に返還する義務があるところ、賃貸借契約は、賃借人による賃借物件の使用とその対価としての賃料の支払を内容とするものであり、賃借物件の損耗の発生は、賃貸借という契約の本質上当然に予定されているものである。それゆえ、建物の賃貸借においては、

賃借人が社会通念上通常の使用をした場合に生ずる賃借物件の劣化又は価値の減少を意味する通常損耗に係る投下資本の減価の回収は、通常、減価償却費や修繕費等の必要経費分を賃料の中に含ませてその支払を受けることにより行われている。そうすると、建物の賃借人にその賃貸借において生ずる通常損耗について義務を負わせるのは、賃借人に予期しない特別の負担を課すことになるから、賃借人に同義務が認められるためには、少なくとも、賃借人が補修費用を負担することになる通常損耗の範囲が賃貸借契約書の条項自体に具体的に明記されているか、仮に賃貸借契約書では明らかでない場合には、賃貸人が口頭により説明し、賃借人がその旨を明確に認識し、それを合意の内容としたものと認められるなど、その旨の特約（以下「通常損耗補修特約」という。）が明確に合意されていることが必要であると解するのが相当である。

(2) これを本件についてみると、本件契約における原状回復に関する約定を定めているのは本件契約書22条2項であるが、その内容は上記1(5)に記載のとおりであるというのであり、同項自体において通常損耗補修特約の内容が具体的に明記されているということはできない。また、同項において引用されている本件負担区分表についても、その内容は上記1(6)に記載のとおりであるというのであり、要補修状況を記載した「基準になる状況」欄の文言自体からは、通常損耗を含む趣旨であることが一義的に明白であるとはいえない。したがって、本件契約書には、通常損耗補修特約の成立が認められるために必要なその内容を具体的に明記した条項はないといわざるを得ない。被上告人は、本件契約を締結する前に、本件共同住宅の入居説明会を行っているが、その際の原状回復に関する説明内容は上記1(3)に記載のとおりであったというのであるから、上記説明会においても、通常損耗補修特約の内容を明らかにする説明はなかったといわざるを得ない。そうすると、上告人は、本件契約を締結するに当たり、通常損耗補修特約を認識し、これを合意の内容としたものということはできないから、本件契約において通常損耗補修特約の合意が成立しているということ

はできないというべきである。

【判例補遺２】

大阪高判平成21年8月27日（平成20年（ネ）第474号・第10231号更新料返還等請求控訴、賃料請求反訴事件、判例時報2062号40頁、原審;京都地判平成20年1月30日・平成19年（ワ）第1793号更新料返還等請求事件）

本件更新料約定の下では、それがない場合と比べて控訴人に無視できないかなり大きな経済的負担が生じるのに、本件更新料約定は、賃借人が負う金銭的対価に見合う合理的根拠は見出せず、むしろ一見低い月額賃料額を明示して賃借人を誘引する効果があること、被控訴人側と控訴人との間においては情報収集力に大きな格差があったのに、本件更新料約定は、客観的には情報収集力の乏しい控訴人から借地借家法の強行規定の存在から目を逸らせる役割を果たしており、この点で、控訴人は実質的に対等にまた自由に取引条件を検討できないまま当初本件賃貸借契約を締結し、さらに本件賃貸借契約締結に至ったとも評価することができる。

このような諸点を総合して考えると、本件更新料約定は、「民法第1条第2項に規定する基本原則に反して消費者の利益を一方的に害するもの」ということができる。

……（中略）……

以上のとおりであるから、本件賃貸借契約に定められた本件更新料約定は、消費者契約法10条に違反し、無効であるというべきである。したがって、控訴人が平成14年から平成17年までの毎年8月末の更新時期とされる時期に被控訴人に支払った毎回10万円合計40万円の更新料は、法律上の原因なくして支払われたといわなければならない。

なお、消費者契約法施行前にされた当初本件賃貸借契約に基づく更新料の授受が民法90条により無効とはいえないことは、既に述べたとおりである。

【判例補遺３】
　　大阪高判平成20年11月28日（平成20年（ネ）第1597号定額補修分担金・更新料返還請求控訴事件、判例時報2052号93頁、原審；京都地判平成20年4月30日・平成19年（ワ）第2242号定額補修分担金・更新料返還請求事件）

＊「定額補修分担金」とは、賃貸借契約締結時にあらかじめ決まった額を入居者が家主に支払うもので、退去時に返還を受けることができないものとされています。

(2)　……（中略）……
　本件補修分担金特約は、それに基づいて支払われた分担金を上回る原状回復費用が生じた場合に故意又は重過失による本件物件の損傷、改造を除き原状回復費用の負担を賃借人に求めることができない旨規定しているところ、本件賃貸借契約書（甲１）の記載内容や弁論の全趣旨によれば、逆に、原状回復費用が分担金を下回る場合や、原状回復費用から通常損耗についての原状回復費用を控除した金額が分担金を下回る場合、あるいは原状回復費用のすべてが通常損耗の範囲内である場合にも、賃借人はその差額等の返還請求をすることはできない趣旨と解され、そうすると、上記の場合本件補修分担金特約は、賃借人が本来負担しなくてもよい通常損耗部分の原状回復費用の負担を強いるものといわざるをえず、民法の任意規定に比して消費者の義務を加重する特約というべきである。
(3)　さらに消費者契約法10条後段は、同条により消費者契約の条項が無効となる要件として、「民法第１条第２項に規定する基本原則に反して消費者の利益を一方的に害するもの」であることを規定する。
　これを本件についてみると、定額補修分担金の金額は月額賃料の2.5倍を超える16万円であること、上記(2)のとおり原状回復費用が分担金を下回る場合や原状回復費用から通常損耗についての原状回復費用を控除した金額が分担金を下回る場合のみならず、原状回復費用のすべてが通常損耗の範囲内である場合においても賃借人は一切その差

額等の返還請求をすることはできない趣旨の規定であること、入居期間の長短にかかわらず、定額補修分担金の返還請求ができないこと（本件賃貸借契約5条3項）、本件賃貸借契約5条1項が、「新装状態への回復費用の一部負担として」定額補修分担金の支払を定めているところからすれば、定額補修分担金には通常損耗の原状回復費用が相当程度含まれていると解されること、被控訴人は、控訴人に対し、定額補修分担金の他に礼金10万円を支払っていることなどの事情を併せ考えれば、本件補修分担金特約は、民法1条2項に規定する基本原則に反して消費者の利益を一方的に害するものというべきである。

(4) これに対し、控訴人は、本件補修分担金特約は、賃貸借契約締結時において原状回復費用を定額で確定させて、賃貸人と賃借人の双方がリスクと利益を分け合う交換条件的内容を定めたものであるから、消費者契約法10条には該当しないなどと主張する。しかし、定額補修分担金という方式によるリスクの分散は、多くの場合、多数の契約関係を有する賃貸人側にのみ妥当するものといえ、また、原状回復費用を請求する側である賃貸人は、定額を先に徴収することによって、原状回復費用の金額算定や提訴の手間を省き紛争リスクを減少させるとのメリットを享受しうるといえるが、賃借人にとっては、そもそも通常の使用の範囲内であれば自己の負担に帰する原状回復費用は発生しないのであるから、定額補修分担金方式のメリットがあるかどうかは疑問といわざるをえない。本件における定額補修分担金の金額が月額賃料の2.5倍を超える16万円であることも併せ考えると、本件補修分担金特約は交換条件的内容を定めたとする控訴人の主張は採用できない。

(5) したがって、本件補修分担金特約は、消費者契約法10条により無効であるから、被控訴人の控訴人に対する不当利得返還請求権に基づく16万円及びこれに対する平成19年8月5日から支払済みまで年5分の割合による遅延損害金の支払を求める請求は理由がある。

●トピック
「ゼロゼロ物件」や家賃債務保証業務をめぐる
トラブルについて

　賃貸借契約において，敷金０円，礼金０円をうたい文句とするいわゆる「ゼロゼロ物件」をめぐるトラブルが世間の耳目を集めています。

　ゼロゼロ物件は，経済的困窮にある入居希望者が容易に賃貸マンションに入居できるとか，賃貸借契約締結に際して保証人がつけられない事情のある人に家賃債務保証会社の保証契約が受けられるメリットがあるとされています。

　ところが，実際には，入居者による賃料の未払いが起きたり，入居者が死亡したり行方不明になったため財産を片付けなければならない場合，家主・管理会社・家賃債務保証会社は，そのリスクを最小化するため，未払い家賃や立ち退きに必要な費用の回収，入居者を立ち退かせたり，入居者の財産を処分する方法などに，違法不当な手段を用いることがあり，入居者が家主や管理会社ならびに家賃債務保証会社を相手取り，民事上の責任のみならず刑事責任を問うべく告訴した事件がおきています。

　国土交通省は，平成20年12月，いわゆるゼロゼロ物件などの住宅の賃貸業務や，家賃債務保証業務を巡るトラブルが発生していることから，これに関する実態調査を行いました。

　調査の結果，平成19年ころから，賃貸住宅における家賃支払いの遅延等に伴う家賃回収方法を巡る相談の中に，執拗な督促，無断で鍵を交換，高額な違約金の請求，無断で借家内に侵入，無断で所有財産を処分，強制的に退去などを内容とする事案が増えてきたことが判明しました。

　同省住宅局住宅総合整備課は，家賃債務保証業務に関しては，住宅総合整備課長名で財団法人日本賃貸住宅管理協会にあてて家

賃債務保証業務の適正な実施の確保を要請する文書を発出するとともに，家賃債務保証の契約や業務の実施に当たって留意すべき事項を，国土交通省のホームページに掲載しました（国土交通省平成21年2月16日付報道発表資料）。

さらに，今国会でも「賃借人の居住の安定を確保するための家賃債務保証業の業務の適正化及び家賃等の取立て行為の規制等に関する法律案」が審議されています（参議院先議，平成22年4月21日参議院本会議で全会一致で可決衆議院に同日送付）。

法案の主な内容は，次のとおりです。
一，家賃債務保証業の登録制度の創設
二，家賃等弁済情報提供事業の登録制度の創設
三，家賃関連債権の取立てに関する不当な行為の禁止

家賃債務保証業者，賃貸事業者，賃貸管理業者など家賃関連債権の取立てをする者は，当該取立てをするに当たって，人を威迫し，又は次に掲げる言動その他の人の私生活若しくは業務の平穏を害するような言動をしてはならない。

1　賃貸住宅の出入口の戸の鍵の交換等
2　賃貸住宅内の物品の持ち出し等
3　社会通念に照らし不適当と認められる時間帯における訪問・電話等
4　賃借人等に対し1から3の言動をすることを告げること

＊このトピックは，平成22年5月中旬現在の状況をまとめたものです。

◎著者プロフィール

大石貢二（おおいしこうじ）　元大阪高等裁判所判事、元関西学院大学大学院司法研究科客員教授
原田　豊（はらだゆたか）　元弁護士、不動産鑑定士、大阪高・地・簡裁等判事（現在、韓国大邱大学校法科大学院留学中）
山上博信（やまがみひろのぶ）　国立民族学博物館研究員、北海道大学スラブ研究センター研究員
吉田康志（よしだやすし）　司法書士（兵庫県司法書士会常任理事）
岡本雅伸（おかもとまさのぶ）　司法書士（兵庫県司法書士会理事、神戸学院大学法学部客員教授）
上杉直之（うえすぎなおゆき）　司法書士
有田　朗（ありたあきら）　弁護士法人ぎふコラボ事務局

あなたにもできる敷金（しききん）トラブル解決法（かいけつほう）

2006年1月16日　第1版第1刷
2010年6月30日　第1版第3刷

監修　大石貢二
編著　原田 豊
　　　山上博信
　　　兵庫県司法書士会少額裁判研究会（吉田康志・岡本雅伸・上杉直之）
　　　有田 朗
発行人　成澤壽信
発行所　株式会社現代人文社
　　　〒160-0004 東京都新宿区四谷2-10八ッ橋ビル7階
　　　振替　00130-3-52366
　　　電話　03-5379-0307(代表)　FAX 03-5379-5388
　　　E-Mai　henshu@genjin.jp(代表) hanbai@genjin.jp(販売)
　　　Web　http://www.genjin.jp
発売所　株式会社大学図書
印刷所　株式会社ミツワ
カバー・本文イラスト　おうみかずひろ
口絵イラスト　香本亜衣
ブックデザイン　河村 誠 (Push-up)

検印省略　PRINTED IN JAPAN
ISBN987-4-87798-275-1　C3032　©2006　GENDAIJINBUN-SHA

本書の一部あるいは全部を無断で複写・複製・転訳載などをすること、または磁気媒体等に入力することは、法律で認められた場合を除き、著作者および出版者の権利の侵害となりますので、これらの行為をする場合には、あらかじめ小社また編集者宛に承諾を求めてください。